自由に生きる 愛を生きる

若い人たちに贈る小説教集

倉松　功

聖学院大学出版会

はじめに

本書は、十数年にわたって大学生、あるいは高校生たちに学校礼拝で語りかけてきた説教を「人間と社会」「キリスト教学校と礼拝」「聖書の教え」という三つの主題でまとめたものである。

本書のタイトルにあるように「自由に生きる」ことは聖書のメッセージのすばらしさである。しかし同時にわたしたちは「自由を与えられたもの」として「愛を生きる」ことも課題として与えられている。それはマルティン・ルターの『キリスト者の自由』の冒頭にある「キリスト者はすべてのものの上に立つ自由な君主であって、何人にも従属しない」と「キリスト者はすべてのものに奉仕する僕であって、何人にも従属する」に対応している。「自由と愛」は旧約聖書と新約聖書を貫くメッセージでもある。

本書が、若い人たちのみならず、現在、若い人たちといっしょに聖書を読み、共に祈っている方々の参考になれば、幸いなことである。

倉松　功

凡例

本書での聖書の引用は『聖書　新共同訳』（日本聖書協会、一九九七年）によった。引用中の［　］は著者の補った語句を示す。礼拝のテキストとして取り上げた箇所は巻末の一覧にある。

また、言及した書籍に興味のある方は、その一部であるが、巻末に図書一覧を付したので、ご参照いただきたい。

新約聖書の略記は次のとおり。

マタイによる福音書	マタイ
マルコによる福音書	マルコ
ルカによる福音書	ルカ
ヨハネによる福音書	ヨハネ
使徒言行録	使徒
ローマの信徒への手紙	ローマ
コリントの信徒への手紙一	一コリント
コリントの信徒への手紙二	二コリント
ガラテヤの信徒への手紙	ガラテヤ
エフェソの信徒への手紙	エフェソ
フィリピの信徒への手紙	フィリピ
コロサイの信徒への手紙	コロサイ
テサロニケの信徒への手紙一	一テサロニケ
テサロニケの信徒への手紙二	二テサロニケ
テモテへの手紙一	一テモテ
テモテへの手紙二	二テモテ
テトスへの手紙	テトス
フィレモンへの手紙	フィレモン
ヘブライ人への手紙	ヘブライ
ヤコブの手紙	ヤコブ
ペトロの手紙一	一ペトロ
ペトロの手紙二	二ペトロ
ヨハネの手紙一	一ヨハネ
ヨハネの手紙二	二ヨハネ
ヨハネの手紙三	三ヨハネ
ユダの手紙	ユダ
ヨハネの黙示録	黙示録

もくじ

第Ⅰ部　人間と社会

第II部 キリスト教学校と礼拝

第Ⅲ部　聖書の教え

第Ⅰ部

人間と社会

1 学ぶことの基礎

主を畏れることは知恵のはじめ

——箴言一・七（ヨハネによる福音書一四・六）

聖書の箴《しん》言に「知恵のはじめ」という言葉があります。この言葉には人間形成の基礎が示されていると解する旧約聖書学者もいます。知ること・学ぶことのはじめ、つまり人間形成の出発点に立っている者のことです。これは、先頃、この大学に入学された方々、また新しい学年を迎えた学生、生徒、教職員、つまり私たちのことにほかならないといえるでしょう。今朝、そのような新しい学生、生徒の方々と共に聖書が語りかけようとしている言葉に耳を傾けてみたいと思います。

主を畏《おそ》れるとは、神を神としてうやまうということにほかなりません。しかし神がどのような方であるかということは、なかなかわかりません。それだけでなく、私たちの生きている現代は神の存在そのものが問われている時代だともいえるでしょう。よく知られた言葉があります。ニーチェの『ツァラトゥストラはこう言った』の始めと終わりの部分の言葉、つまり「神は死んだ、ということだ」という言葉です。このような状況が今日存在することは確かです。しかし、そのようなことはすでに聖書も言っているのです。「いまだかつて、神を見た者はいない」と（ヨハネ一・一八）。

現代における神の問題について書いた作家がいます。二〇〇六年、生誕一〇〇年記念を迎えたアイルランドのノーベル賞作家サミュエル・ベケットです。この作家について先頃、ある新聞に大江健三郎氏が、演劇史を区切るような影響を与えた重要な人物と紹介していました。先のニーチェの書物の八十年後の一九五三年、ベケットは、彼の代表作『ゴドーを待ちながら』という戯曲を書きました。この作品において、ベケットはニーチェが神の死を宣言した以後に、なおも神を求める現代人を語ったともいわれます。ゴドー、つまり神を待ち続ける人々を描き、演じさせています。しかし、神を待ち望みながら、結局自問自答に終わっています。とはいえ『ゴドーを待ちながら』は、まだ神を問おうとしています。

いずれにしても、人間は神を知らないにしても、あるいは、神を神としないにしても、人間が神とならない、人間を神としないということは、非常に重要な、人類の基本的な知恵ではないかと思います。

というのは、必ずしもそうとばかりはいえない現象があるからです。日本の神道のように、東照宮や、靖国神社の例に見るように、亡くなった人間を神とする宗教もあります。他方、自分自身を神とするということもあります。こちらのほうは、きわめて日常的に私たちの中で行われていることではないかと思われます。無自覚的に自分の思想・解釈・欲望・地位・名誉・金銭・財力・権力等、そういうものを神としたり、擬似宗教化しています。いずれにしても、それらを神々とすることはよくあることではないかと思います。プロテスタント学校のルーツに位置する宗教改革者のマルティン・ルターは、人間は、自分の腹（自分自身にとって都合の良いこと、自分の欲望や願いなど）に支配され、それらを神とすると言っています。

現代においては、とくに政治の舞台で、人間が自分を神とするということがいくつも行われました。スターリン、ナチス・ドイツのヒトラーなどの独裁者がそうです。彼らは三権分立の政治体制ではなく、司法、行政、軍事を自分自身の思うとおりに行いました。そして、彼らはガス室で、薬物で、何百万人という人を殺したといわれています。あるいは強制移住などで、土地や財産を奪い取ったのです。これはまさに、政治が擬似宗教となった、また、人間が神となった、また自分を神とした例でしょう。

それに対して、神を神とする。これは実は、キリスト教の信仰、旧新約聖書の中心の信仰です。それを本日の聖書の箇所は、神を神とするところに、「知恵のはじめ」、つまり「学問の基礎」があると語ります。

ところで、神を神とし、人間を神としないことが知恵と結び付き、生命をかけて実践した人がおります。ギリシャのソクラテスです。ソクラテスは偉大な知者でした。そして今日においても代表的な哲学者の一人です。ソクラテスは「アテナイの国家が信じる神々とは異なる神々を信じ、若者を堕落させた」という理由などで有罪となり、死刑を言い渡されました。弟子たちの亡命・逃亡の勧めを拒んで、毒杯をあおって自殺しました。彼の場合は神々を畏れることでありました。しかし、彼の示した神々は、神話的な存在で、今日まで存続していません。それでも、人間を超えるものとしての神々に熱心でありました。古代、中世の教会ではソクラテスは、キリストの先駆者とされています。

それに対して、主イエス・キリストは、「わたしは道であり、真理であり、命である」（ヨハネ一四・六）と言われました。すなわち、「わたしは神への道であり、神の真理であり、神よりの命を与える者である」とヨハネ福音書において語っています。この聖書の言葉を掲げて神を神とすることの運動を、現代において展開した人々がおります。

ヒトラーに初めから最後まで反抗したグループのことです。とくに、ドイツ福音主義教会の告白教会という、ドイツのプロテスタント教会の中のあるグループです。このグループは、「バルメン宣言」という声明を公表して、ヒトラーに抵抗を続けました。その宣言の第一のテーゼに、先ほど紹介した「わたしは道であり、真理であり、命である」というヨハネ福音書の聖書の言葉を掲げています。それを含め五つの命題を掲げ、それによって、ナチス・ドイツの支配した十年間、告白教会という全ドイツにわたるグループを組織して、ヒトラーとそのナチズムに抵抗したのです。今なお、ヒトラーのナチス・ドイツに対する非難が全世界からなされています。しかし、これらのグループの存在により、戦後、世界の人々はドイツの告白教会に注目しました。彼らは「わたしは道であり、真理であり、命である」という聖書の言葉を掲げ、主イエスによる神への道によって、終始抵抗したのです。このことにより、戦後、世界中の人々が、宗教改革、プロテスタントの発祥地ドイツに注目することになりました。

今年も、この礼拝において、私たちは、「わたしは道であり、真理であり、命である」という主イエス・キリストの神に対して礼拝しながら、キリストの示すいろいろな道について共に学んでいきたいと思います。それがこの大学における「主を畏れること」の基本的実践であり、「知恵のはじめ」を知ることなのです。

2　二つの人間観

——創世期一・二七、二八

皆さんは、郷里を離れ、ご両親、あるいは肉親の許を去るに際し、いろいろな忠告、戒め、希望を耳にされたことと思います。大学へ入学するために去っていく息子に与える言葉として、忘れることのできないのは『ハムレット』の中のものです。それは、今日でも通用するかもしれません。それは、侍従長ボローニアスが、フランスへ留学する息子レアティーズを送る時のものです。レアティーズとは、ハムレットの恋人オフェリアの兄で、最後にハムレットと決闘し、ハムレットと共に毒の剣で死んでゆく人物です。ボローニアスがレアティーズに語る餞別《せんべつ》の言葉の一部を紹介します＊。

「良いと思った友達が出来たら、鋼のたがでしっかり心に着けておけ。だが卵からかえったばかりのひよっこのような仲間の誰かと手を握って、拳が馬鹿になってしまってはいかぬぞよ。財布の許す限り、身装には金目をかけてよい。しかし、派手な交際に金をかけるものじゃない。華美を避け、真の良いものを着けなさい。それから、金の貸し手にも借り手にもなるなよ。金を貸すと、金も友人もなくしてしまう。金を借りると倹約の心が鈍くなる。最後に何よりも大事なことは、己に忠実であれということ、そうすれば、自然、誰にも不忠実にはなれないものだ。」

ところで、私がお話ししたいのは、次のことです。最近、私はカトリックの神父さんが英文学を論じた本を読みました。その中で神父さんも、ハムレットの決闘の相手レアティーズがフランスに留学したのに対して、ハムレット（デンマーク王子）は、ドイツ、それもヴィッテンベルクに留学している、と指摘しています。ヴィッテンベルクの大学は、ドイツ宗教改革の中心でした。宗教改革者マルティン・ルターの大学だったのです。「ハムレットの人間観、人間についての見方、考え方はルターを教師にしている。しかも、結局は、宗教改革者ルターの教えではなくて、実は、それは、聖書の教えなのだ」と、その神父さんで、有名な英文学者でもある方は言っております。

それでは、ハムレットが学び、彼を動かした人間についての聖書の見方とは、どんなものだったのでしょうか。シェークスピアは『ハムレット』で「人間、創造のなんと驚くべきか。理性において、いかに高尚でその能力、姿、働きにおいていかに無限か。……行為は天使のごとく、知恵はさながら神だ」と人間を礼讃《らいさん》します（第二幕第二節）。

これは、まさに本日の聖書の箇所である創世記の一章二七、二八節、さらに詩編八章四―九節の記している人間像に重なります。地球を征服し、今や宇宙に乗り出し、遺伝子を操作し、新しい生物を作ろうとする人間です。

ところが、同じ『ハムレット』は、人間礼讃に引き続き、「私にとっては、この塵芥の精髄は、何の意味があろう。人間を見ても私の心は喜ばぬ」と言います。これは創世記の二章七節「土の塵で人を形づくり」に由来しています。またハムレットは、あの、「生きるか死ぬか、それが問題だ」と言った後、恋人オフェリアに向かって、次のように言うのです。「母が僕を産まなければよかったのにと、いろんな罪を我と我が身に責めることがある。僕は気位が高い、復讐心が強い、野心家だ。そして、この指先で呼ぶと、飛んでくるいろんな悪玉を持ち合わせている。……このような人間が天と地との間をはいまわって何をやろうというのか。我々は、すべて根本から悪党だ、我々の誰も信じてはならぬ」。

このハムレットの言葉は、新約聖書のローマの信徒への手紙三章一〇節以下「正しい者は、一人もいない。善を行う者は、一人もいない、彼らは舌で人を欺き、その道には破壊と悲惨がある」といった言葉を思い起こさせます。パウロは、自分が望む善は行わず、望まない悪を行っている、と言っています。

皆さんは、人間礼讃と人間の罪悪というこれら二つの人間観を経験しているし、またこれから経験するのではないでしょうか。どちらも真実です。シェークスピアも聖書に親しんで、人間についての理解を深め、見分を広めたと思います。皆さんが、大学での学びの中で、とくに、聖書を読んで自分を訓練し、自分を深めていってほしいと願っております。

＊『ハムレット』からの引用は、市河三喜、松浦嘉一訳、岩波文庫、一九五七年、一九、二九、八四頁などによる。

3 人生の目的を示すもの

天地の創造　一

――創世記一・一―三

聖書の冒頭に、天地創造の物語が記されています。ここに記されている物語は、宇宙の創造を自然科学的に説明するものではありません。したがって、例えば、今日の自然科学がビッグ・バンによって宇宙の始まりを説明しようとするものと矛盾する点があります。それでは、神がこの宇宙を創造したという聖書の教えは、自然科学の世界像に基づく宇宙の始まりの説明とまったく関係のない神話なのでしょうか。この両者が、どのように調和・整合するかということは、キリスト教信仰と自然科学との対話というテーマになります。キリスト教は、理性の営みとしての学問に対して開かれたものであり、対話を避けるものではありません。ところが、この天地創造の物語には、進化論をまったく無視し、いきなり動植物が出てまいります。その点で創造の物語は、進化論と矛盾するものです。キリスト教は、以前は、地球を中心とする天動説を支持していたといわれています。地動説を主張したガリレオ・ガリレイが異端裁判で断罪された事件はよく知られています。

ところで、同じ地動説を唱えたコペルニクスの『天体の回転について』、いわゆる「コペルニクス的転回」といわれた文書を出版したのは、宗教改革者ルターの協力者、ニュルンベルクのアンドレアス・オジアンダーでした。彼は、コペルニクスの地動説は、計算の基礎であるが、神について、救いについてといったキリスト教信仰の信仰箇条ではないと言っております。コペルニクスの書物を出版したオジアンダーも地動説に反対していたとは考えられません。ルターのいたヴィッテンベルク大学には、地動説を支持していた二人の天文学者がいたということもあります。地動説にキリスト教がこぞって反対したということはありません。

進化論については、一般の信者には一つの衝撃であったかもしれませんが、ダーウィンの進化論に対する十九世紀のキリスト教、とくに神学はこれを受け入れ、積極的に対話しました。それは、十九世紀がヨーロッパ文化の進歩や発展を信じ、人間の道徳的進歩や発展の中に進化論を取り入れようとしたからです。その代表的人物の一人がシュライアマハーです。

しかし、今日私たちはもはや手放しに、科学技術の進歩・発展による社会や文明の進歩、発展を喜ぶ状況にありません。技術の進歩・発展が、環境破壊、生態学的危機をもたらしているからです。地動説をキリスト教信仰と直接関係のない、数学的、自然科学的真理として単純に支持することはできるかもしれません。しかし、進化論を人間性、道徳的進歩にまで拡大するといったことは、今日支持できません。なぜならば、ヒトラーやスターリンの残虐な行動を思い起こせば、進化の最終段階に人間があるという理解は破たんしているといえます。また最近のマスメディアに頻繁に報道される理由のない家族の殺害、子供の虐待・殺害を見てもそのようにいわざるをえません。以上のことは、聖書、キリスト教信仰は、自然科学を含めてその時々の学問の世界との対話を避けるものではなく、根源的な批判をするものであるということの例としてお話しした次第です。

ところで聖書は、聖書と学問との対話だけでなく、学問に従事する人間との対話を要求しております。むしろ私たちは、生き方やその目的や意味について、聖書は何を語り、どのような対話を要求しているのかと問うことが大切です。そうしてはじめて、自身の問題として聖書に対することができるように思います。そのような問いに対して、天地創造の物語はどのように語りかけているのでしょうか。「初めに神は天と地を創造された」。つまり私たちの生は神のプレゼントなのです。したがって、私たちには、それぞれ神から与えられた目的、使命があるということです。新約聖書は、「わたしたちは神に造られたものであり、しかも、神が前もって準備してくださった善い業のために、キリスト・イエスにおいて造られた」と記しております（エフェソ二・九、一〇）。そうはいっても、皆さん各人の使命や目的がすでにわかっているのではありません。それを探求するということ、それを追い求めていくということが、私たちにとって大切なことだと思います。

4 自然環境に対する人間の責任

天地の創造 二

——創世記一・一―五、二六、二八

創世記のはじめに月や星、天体宇宙空間の創造の話が出ております。それに続いて、地球の生物についての創造が記されております。いずれも、今日の自然科学の常識とは違っているように思います。なぜなら、そこには、今日私たちが目にしている生物、星、月がそのままの形で創造されたと記されているからです。単純な細胞からの進化といったことやビッグバン以後のことなどについては何も記されていません。

しかし、今日人類が直面している最も重要な問題の一つに対して、示唆する所があります。それは二六節と二八節です。そして、この聖書の言葉を理由にして、今日の生態学的危機の原因はここにあると言っている人がいます。その代表的人物の一人であるリン・ホワイトの『機械仕掛の神』という書物(邦訳は『機械と神——生態学的危機の歴史的根源』)があります。その中で、彼は「自然は人間に仕える以外にはなんら存在理由もないというキリスト教の公認が取り去られるまで、生態学上の危機は一層深められ続けるであろう」と言っております。

この書物に対しては、その後いろいろ反論がなされています。反論によれば、そのように人間が、人間以外のものを勝手に処理するという考えは、デカルト以降、啓蒙主義以後のものである、とくに十八世紀後半、十九世紀以後の思想で、キリスト教思想から派生したものではない、という反論です。

創世記一章二六、二八節について、キリスト教の代表的な神学者たち、すなわちルターやカルヴァンのような宗教改革者たちは、ホワイトのようには、全然考えてはいませんでした。神が命じた支配というのは、神の代わりの者としての支配ということであるから、神が宇宙を治め自然を治めるように治めよという命令であると解釈しました。具体的には、人間も人間以外のものも神に造られた被造物として共に創造者をたたえるような治め方こそ、神が命じた支配の意味だというのが宗教改革者ルターの理解でした。これは、自然を愛し小鳥を愛したルターにふさわしい自然に対する理解だと思います。

二八節の聖書の言葉、人間に対するあの命令、「地を従わせよ。生き物をすべて支配せよ」は、人間以外のもの、自然や生物に対して人間に責任を委ねた命令です。ここに、人間の被造物全体に対する責任や使命の聖書的根拠があります。

聖書は、今日の環境問題や生態学的危機に対する聖書との対話を促しております。その対話はどうあるべきでしょうか。先ほど理解したように、人間は神ではありません。他の被造物と共に神を讃美するということが、聖書の意図するところであるとすれば、それは人間の自然への対し方、倫理への問いとなります。神を排除し、人間だけの、あるいは、自分の利益を追求する人間への問いでもあります。そこにまた、神に似せて造られた人間とはどういう人間であったのかということが問題になります。

5 人間存在の意味を知る

モーセの十戒

――出エジプト記二〇・一―一七

モーセの十戒の中に「安息日を聖別せよ」というのがあります。ユダヤ教における安息日は、金曜日の日没から土曜日の日没までをさします。今日キリスト教の世界では安息日というのは日曜日のことです。それに対して、出エジプト記二〇章八節では、「六日の間働いて、七日目は、あなたの神、主の安息日であるから、いかなる仕事もしてはならない」と続きます。ここでは、旧約聖書の神、キリスト教の神が、聖書において、どのように定義されているかを示しております。六日の間働いてというのは、神が創造の働きをしたということです。天地の創造、それが六日の間なされて、そして七日目に休んだと創世記の二章に記されています。それを受けて、安息日の起源を神の創造の仕事の休みと関連付けているのです。

ユダヤ教、キリスト教においては、神が万物の創造者です。またその神はイスラエル民族をエジプトから救い出しました。安息日に、この神の働きを覚え、礼拝を捧げます。キリスト教では、安息日である日曜日は、神が創造の仕事を休んだというだけではありません。イエス・キリストが日曜日に十字架の死から復活したこと、神がユダヤ人をエジプトから開放したということに対応して、キリストが罪から人間を解放し、救いを完成するために復活したということが加わります。イエス・キリストが日曜日に復活したということを安息日の重要な意義として根本的にとらえ直したのがキリスト教です。しかしこれらのことが皆さんにとって、どういう意味があるのでしょう。二つの大きな意味があると思います。

一つの意味は、月曜日から土曜日まで働いて日曜日に休む、日曜日に休んで月曜日から土曜日まで働くという、一週間の枠組みが、今日世界において、ほとんどの人間の生活の大きな枠組みとなっているということです。宗教を異にする民族もこの枠組みから自由ではなくなっています。この枠組みの中にあることは、神の創造によって人間にどのような意味が与えられたかという問題になります。人間が神に創造されたということによって、人間にどういう意味付けがされたのでしょうか。今日、人間存在にはどのような意味があるのか、ということを考え、またそのような問いを意識している人がかなり多いと思います。

神が人間を神に似せて創造したということは、人間には他の被造物とは違う尊厳が与えられたということです。もちろん、日本のように八百万《やおよろず》の神、あるいは汎神論、シャーマニズム、自然信仰が盛んな所では、人間と動植物はもちろん、有機物も無機物も含めて人間と他のものとを区別せず、同じくアニマ（精霊）が宿っているといいます。いわゆるアニミズムという思想です。人間もアニマ、霊魂を持っているし、他のものすべてにアニマがあるという考え方なのです。そういう宗教や文化の所では、人間と被造物を区別しません。しかし、この考え方からは人間一人一人に尊厳が与えられている、そこから派生する基本的人権がなぜ語られるのかを説明するのは難しいのです。少なくとも、基本的人権の根源としての人間の尊厳、一人一人が他の動物と違ってかけがえのない価値を持っているという事柄を意味付けるのは難しいのではないかと思います。

もう一つの意味は、主イエスが日曜日に復活したことによって生まれる意味です。これは、キリスト教的にいえば人間が罪から救われるという業を成し遂げるために、キリストが十字架に死に復活したという聖書の教えに由来しています。その意味は私たちはすぐにはわかりません。むしろ私たちにわかるのは罪ということです。パウロは罪とは「自分が望むことは実行せず、かえって憎んでいることをする」（ローマ七・一五）ことだと言っています。別な言い方をすれば、私たちは自分の望むこと、自分のしたいことばかりすることはできない。もししたいことだけをするならば、それによって人間は破滅するのです。これは非常にはっきりしております。もちろん、したいことをしなければ意味がないともいえます。したいというモチーフがあって、苦労して行うことによってはじめて、成就した仕事が大きな喜びとなります。これは人間の本来の姿です。その場合、モーセの十戒が教えている父母を敬え、殺してはならない、姦淫《かんいん》してはならない、盗んではならないということと、人間の正しいあり方を示されたキリストの教えは関連しています。

しかし、したいことをし続けることは人間にとってまさに滅びです。あの人が憎たらしい、いっそ殺してやりたいと殺してしまえば、相手も滅びますが自分も滅びます。盗みたいから盗むということもできないでしょう。それは人間としては許されないことだからです。そのように、私たちはしたいことだけをすれば滅びるということを知っています。だから、ある程度はしたいことをせず、したほうが良いこと、なすべきこと、正しいといわれることを選ぶのです。進んで選ぶこともあれば、命令を受けて選ぶこともあるでしょう。しかし、私たちは誰《だれ》が見ても良いこと、正しいと思われることがわかっているようで、具体的な問題になるとわかっているとはいえません。さらに、なすべきこと、正しいことを間違いなく自由に選ぶことができません。正しいことがわかっていながら、それをなすことができないということに、人間としての根源的な問題があります。それが罪の問題です。その問題を解決するために存在したのが主イエスです。主イエスが、人間の罪を赦し、罪から解放するために、復活したことを祝うのが日曜日なのです。

6 家族とは何か？

モーセの十戒　―父と母、家庭（国を越えるもの）―

――出エジプト記二〇・一二

モーセの十戒に「父母を敬え」とあります。一一節までは、神と個人との関係、つまり神と一人一人との宗教的な関係についてでした。それに続いて、一二節に家族、父と母と子供との関係が神の戒めとして記されています。次の一三節から人と人との間のことが記されています。つまり、キリスト教においては、神と人、家族、そして人々との関係という順序が明確です。この十戒はきわめて短い言葉の中に、神と個人、それから家族、人間の社会的関係がワンセットになって記されています。ユダヤ・キリスト教の特色、つまり聖書の大きな特色があります。

きょうは家族のこと、父母を敬えということを学んでみたいと思います。家族は私たちにとって最も基本的なことです。イスラエルの宗教においても、まず神と一人一人個人の関係があって、次に神と家族の関係あります。個人を除外して、また家族をぬきにして神と国家、神と社会という関係はないということです。実はこういう考え方が、ヨーロッパのキリスト教文化が支配しているところではきわめて重要な価値観です。歴史的に見ても、国家は先にありません。神と個人があり、そして神と家族の関係があるということが社会の構成順序でもあります。父母を敬えというのは、父と母を尊敬せよ、大切にせよ、重んじよということです。

皆さんの知っているアメリカの作家マーク・トウェインの『不思議な少年』（「不思議な人」）という有名な小説があります。マーク・トウェインは十七歳の時に、すでに親に我慢ができなかったと書いてあります。教育を受けたマーク・トウェインから見てあまり教養がないので、親に我慢することができなかったと述懐しているのです。しかし、それはマーク・トウェインに限ったことではないと思います。教養の問題でなく、子供の成長期に起こる問題です。その時に十戒が、親を大切にせよ、重んじよ、尊敬せよ、と言っていることに注目したいと思います。しかし、十戒はそれ以上のことは言っていません。黙って親の言うことに従えということは一言も言っていません。尊敬せよ、大切にせよ、ということだけが言われています。

新約聖書では、少し変わったことが言われています。マルコによる福音書三章三一節からですが、「イエスの母と兄弟たちが来て家の外に立ち、人をやってイエスを呼ばせた。大勢の人がイエスの周りに座っていた。「御覧なさい、母上と兄弟姉妹がたが外であなたを捜しておられます」と知らされると、イエスは、「わたしの母、わたしの兄弟とはだれか」と答え、周りに座っている人々を見回して言われた。「見なさい。ここにわたしの母、わたしの兄弟がいる。神の御心を行う人こそ、わたしの兄弟、姉妹、また母なのだ」。これが新約聖書に出ている、父母、あるいは家族というものについての大切な一つの視点です。

スペインのバルセロナに建築家A・ガウディのサグラダ・ファミリアという二十世紀を代表する教会建築である「聖家族」という教会堂があります。世界が神の家族であるということを強烈に印象付ける教会堂です。先ほどのマルコによる福音書は、「神の御心を行う人こそ、私の兄弟姉妹、神の家族である」と言っています。しかし、キリスト以外に神の御心を行える者は誰もいません。それゆえ、キリストにとっては、すべての者が神の家族なのです。だから、キリストにとって隣人愛は、当然のことだったのです。父母を敬えという戒めは、同時に、家族を越えた世界に向けても発せられていることです。しかしまず、家族から出発することになります。私たちは、生まれてすぐ家族以外に目が向くわけではありません。第一次集団といわれる家族の中、二人称世界で、私とあなたという親と子の関係を学び、同時に家族の中で三人称の世界、他の人々との付き合い方、あり方を学びます。家族とのあり方は、すべての人との間に通ずる人間と人間とのあり方でなければならないのです。要するに、家族の中においても、父母を重んぜよ、敬えということだけでなく、他の人との間にも通用する倫理があるということです。

自分の部屋においては、自分と神との関係です。けれども、自分の部屋を一歩出ると、そこに同時に三人称の世界があるということです。これは人間が自立していく過程において、非常に重要な視点ではないかと思います。家族は、あくまで父母を重んぜよということが前提です。しかし同時に、その父と母の関係においては第三者にも通用する人格関係、倫理も重要になるのです。そういったことが家族において訓練されるというのが十戒の構造です。神と人との関係を出発点にして、家族内の関係、その次に人と人との関係があるという構造が十戒の中にあります。

7

人格を否定すること

モーセの十戒　―殺してはならない―

――出エジプト記二〇・一三

一三節の「殺してはならない」ということについて今日は考えてみます。人を殺してはならないのはなぜかという質問がよくあります。それについてマスコミにさまざまな意見がよく出てまいります。つい先日も福岡で四人の家族が全員悲惨な姿で殺され、重しを付けて海に投げられたという事件がありました。その前にも悲惨な事件としてオウムの大量殺人事件がありました。なぜ人を殺してはならないのか。皆さんどのように答えますか。

それに対してこの出エジプト記の一三節は、文字どおり一言で理由なしに「殺してはならない」と言っています。この殺してはならないということについて、旧約聖書の最初の書物である創世記にはいろいろなことが書かれています。その前提になるのは、神が人間を創造されたという創世記一章二六節、二七節の聖書の言葉です。「神は言われた。『我々にかたどり、我々に似せて、人を造ろう。そして海の魚、空の鳥、家畜、他の獣、地を這うものすべてを支配させよう。』神は御自分にかたどって人を創造された。神にかたどって創造された。男と女に創造された」とあります。人間は神に似せてかたどって造られたことに基づいて、創世記の九章六節には次のように記されています。「人の血を流す者は、人によって自分の血を流される。人は神にかたどって造られたからだ」。これは非常にはっきりと、殺してはならないということについて一つの回答を与えています。殺してはならない、なぜならば、人間は神に似せて造られているのであり、人間は尊厳、尊さ、価値、大事なものを持っているからだというわけです。これは殺してはならないことのはっきりとした理由です。

しかし、この殺してはならないというのは、単に他の人の生命を奪ってはならない、殺人を犯してはならないということだけなのでしょうか。もちろんそれだけではないでしょう。私たちの大学のルーツである宗教改革者の一人にジャン・カルヴァンという人がいます。このカルヴァンは、殺すことだけが禁じられているだけではなく、暴力を振るうこと、不正を行うことも禁じられていると言いました。さらに関連するものとして次のようなことを言っています。「隣人に対して、悪を行うようなものだけが、この殺してはならないという戒めの違反者ではない。この戒めがさし示すことは隣人に善を行い、彼に身体上の災いや害が起こらないように先手を打つことであり、このことも言われている。つまり、防衛し、予防をしないことは罪である」。これもよくわかるように思います。ルターによれば、着物を与えることができるのに裸のままで寒い空気にさらさせ、人を凍え死にさせてはならないということです。あるいは飢える者を見て食べ物を与えないというのは、彼を餓死させることになる、だから、餓死させないように、食べ物を与えなければならないと言っています。

新約聖書においては、こういった解釈よりもさらに有名な、積極的な主イエスの教えが山上の教えで語られています。マタイによる福音書の五章二一節からです。「昔の人は『殺すな。人を殺した者は裁きを受ける』と命じられている。しかし私は言っておく。兄弟に腹を立てる者はだれでも裁きを受ける。兄弟に『ばか』と言う者は最高法院に引き渡され、『愚か者』と言う者は、火の地獄に投げ込まれる」。そしてさらに、主イエスは「敵を愛しなさい」と愛敵の教えを勧められました。兄弟に腹を立てることが昂じると殺すことになると思います。腹を立てることが昂じて、殺すことにつながるのです。

次に、「ばか者」と言うことは、最高裁判所に渡されるほど重要な罪であると言っています。実は、この「ばか者」と言うことは、人間としての判断能力、つまり、人間の人間たる判断能力を否定することだといわれています。これは身体的な抹殺ではありません。しかし、人格の抹殺になり、最高裁判所で裁かれるほどの重大犯罪だというわけです。

そして最後の火の地獄に投げ込まれるほど重大な「愚か者」と言うということはどのようなことでしょうか。「愚か者」というのは神を信じない者という意味です。ここで主イエスは、単に身体や人格だけではなくて人間の宗教性を問題にしています。神を信じないと他人の宗教性を抹殺することになる、それは、地獄の火に投げ込まれるほど重大な殺人行為だ、としています。なぜでしょうか。殺すなかれということ、腹を立てるなということ、あるいは、ばか者と言うことが殺人に通ずるということがわかるのは、人間が神に似せて造られているという宗教性を知っていることに由来しているからでしょう。さらに、主イエスから見れば、人間が、本当には神を知らないにもかかわらず、他の人々の宗教や信仰を否定するのは間違っているということです。私は宗教者である、私は神を信じている、お前はそうでないと簡単に言えるほど、この問題は単純ではないということです。人間の人格を抹殺するとか、あるいは判断能力がないと言うとか、人間の尊厳を傷つけることは重大なことだということは私たちには少しはわかります。しかしその根本にあることは、人間を創造された神が、神に似せて造られた人間を殺してはならないと命じ、一人一人の尊さを守ろうとしておられることなのです。その延長線上で、主イエスは隣人を愛せよ、敵を愛せよと説いているのです。

8 人権、私有権を守る

モーセの十戒 ―盗んではならない―

――出エジプト記二〇・一五

モーセの十戒は、今から約三千年ほど前にまとまったものといわれています。ユダヤ教、キリスト教を通して、旧約聖書、新約聖書を通して、人間の神に対する関係、人間と人間の間の関係のあり方を示しています。別の言葉でいえば、宗教と倫理を一つにして教えていると理解できます。

ところで十戒の後半、あなたの父母を敬え、殺してはならない、姦淫《かんいん》してはならない、盗んではならないなどは、私たちにとっては、言われてみればわかっていることです。しかもそれだけではなく、禁止を示す「ならない」で結ばれているこれら三つの戒めは道徳的だけでなく、刑法において反社会的なことととされています。このことは、日本だけではなく世界に通用することです。また姦淫してはならないということについては、法律の上で罰則の付くことではありませんが、しかし、人間と人間の間における最小限重要な誠実性に関わる道徳・倫理の問題として知られています。また、殺してはならない、盗んではならないという二つの事柄は、世界の刑法の共通の条項になっていて、それらに反することをした場合には、反社会的な問題となり、犯罪者として取り扱われることにもなります。

その意味でモーセの十戒は、倫理的、道徳的良心の問題に関わることだけでなく、社会的にも最小限してはならないことをきちんと教えている大変重要なものです。しかも社会的な観点からいえば、社会を秩序あるものとして守るための最小限の法的規程に関わっているのです。

このようにモーセの十戒は、前半はもちろんのこと、後半も大変重要な教えであり、グローバルな規範といえるでしょう。それだけに私たちは後半を常に理解し、常に新たに、その意味の広さ、深さを学んでいくということが重要なのではないかと思います。「殺してはならない」という戒めについては、山上の教え（マタイ五・二一、二二）を参照して深層からこの戒めについて学びました（前項）。ここでは、最後の「盗んではならない」ということについて少し学んでみたいと思います。

ここでも何の説明もなく、無条件に、盗んではならないと命じられています。他人のものを盗んではならないというのは、私たちが小さい頃から、家庭でも教わってきたことかと思います。しかし、物を盗むというのは、これまた私たちにとって大変身近に行われている、いわば犯罪に直結するような問題でもあると思います。昨年のことであったかと思いますが、仙台市の中学生に対して万引きに関する調査がなされ、その結果が発表されました。中学生に万引きをしたことがあるか、つまり盗んだことがあるかをたずねたところ、一割以上の生徒が「ある」と答えたということでした。盗んではいけないということを知ってはいても、少々スリルを味わうことや、友達に誘われたということもあるかもしれません。万引きというと大したことではないような気がしますが、歴然とした盗みです。

それを一割以上の生徒がしている。そそのかされたにせよ、スリルがあるにせよ、盗みをはたらいたことには違いありません。万引きをする時にも多少の良心の咎《とが》めはあったかもしれませんけれども、捕まえられて、警察で調べを受けた時に初めて、してはいけなかったと気付くのです。

これは、この頃よく新聞にも出てきますが、殺人のような重大な犯罪があった時にも、その後で警察に調べられて、あるいは事が公になって、人からいろいろなことを言われて、初めてそのことの悪さ、重大さに気が付くということに似た現象かと思います。つまり、私たちにとっては、盗むということから始まり、人殺しという重大なことまで含めて、してはならないことをすればそれを咎めるという、大変すばらしい良心があるのです。私たちは、これはしてはいけないということについての良心を持っています。しかしその良心というのは、悪いことをした後で、人から咎められたり、鋭く指摘されたりして初めて発動する。後から、何か恥ずかしい思いを感じる、良心のうずき、良心の咎めを感じるという性格があるように思われます。ですから良心はしばしば悪い良心ともいわれます。

いずれにしましても、盗んではならないというのは、私たち一人一人が持っている所有物を大事にせよ、ということが大前提です。それに基づいて国家・社会は、私たちの私有権を保証しなければならないということです。個人個人の持っているものを大切にすること（各人に各人のものを）に基づくと、盗むということはそれを犯すことになりますから、盗んではならないのです。つまり、個人の持っているものに対する権利、私有権を犯してはならないというのが、盗んではならないということの現代における意味でしょう。それはまた私有権の保証ということになります。皆さんの一人一人の手紙、日記にはほかの誰《だれ》からも侵害されない著作権、あるいはプライバシー権が付随しています。著作権、知的所有権も、すべてここに含まれています。そういう意味では今日大変大きな役目を果たす教えであるといってもいいでしょう。

ここに、ユダヤ、キリスト教が歴史を通して、私有権を侵害する全体主義、あるいは共産主義といったものに反対してきた根拠があるといっていいでしょう。ヒトラー、スターリン、戦争中の日本だけではなく、いつでもどこでも信教の自由を保障する基本的人権、人間の知的所有権、私有財産を侵害する政府の動きは常にあります。知的所有権を含めて私有財産に対する砦《とりで》は大切にしなければならないし、犯してはならないという根拠がここにあるといっていいと思います。

しかし、一つだけそれに関連して考えておかなくてはいけない大事なことは、そういう基本的人権、知的所有権、それは私たちの命、人間の生命にも関するものですけれども、そういうものを自分から進んで人のために役立てること、それを犠牲にすることを禁止しているわけでは決してないということです。何らかの犠牲愛なしに隣人愛はないからです。いずれにしても、基本的人権、私有権という私たち自身が持っているもの、さらに神から与えられているものを大切にすること、また他人のそれを許可なしに犯してはならないということの根拠が聖書にあるのです。個人個人の事柄とともに、社会制度のあり方についても神に礼拝することにつながる問題として、モーセの十戒は教えています。

9　人間の尊厳を守る

――創世記九・六（マタイによる福音書二五・四〇）

ある国が基本的人権としての人間の自由をどのように考えているか。その問題は、その国や社会がどのように自由あるいは、国のあり方を重んじているかについての考えを知る上で大切な判断基準となるでしょう。もっとも自由の問題は、私たちの日常生活には直接関係ないと普通には考えられているかもしれません。しかし、このところ連日報道されている北朝鮮の拉致事件は他人のことでない思いです。あの事件は自由という観点からは、人間の身体的自由の剥奪《はくだつ》ということです。人間の自由の歴史からすると最も早くからその罪悪性が主張され、否定されてきたものです。人間の生命や身体は理由なしには害されない、それは古くから基本的人権として認められました（一二一五年人身保護令、イギリス）。自由の思想やさまざまの自由についての重要性の順序からいっても、最も基礎的なものといえるでしょう。

自由についてそのような考えを組織的に憲法に記したと思われるのがドイツの憲法です。第二次世界大戦後成立したドイツ連邦共和国基本法（ドイツ憲法）は、ヒトラーの非人道的な政治への反省もあり、自由についての考え方では学ぶべきことが多く、また、興味深いものがあります。学ぶべきことが多いというのは、法学や憲法上のことだけではありません。私が学ぶべきことが多く、興味深いというのは、とくに聖書、キリスト教の立場からです。

ドイツ憲法には、第一章に基本権、通常基本的人権といわれるものが述べられています。第二章が国家すなわち連邦共和国という順序です。まず個人、家族があり、そして国家という存在の順序が明確です。それだけではなく、家族、さまざまな結社、集団、国家もそれぞれ相対的に独立した固有な価値を持っていることが規定されています。これはキリスト教的、福音主義的順序です。さらに、その第一章基本権、すなわち、諸基本的人権を見ますと、第一条の冒頭に、「人間の尊厳は不可侵である」とあります。続いて、第二項で、「人権をそれゆえに、不可侵の、譲渡しえないもの」と定めています。第二条には第一条にいう権利とは、各人は人格を自由に発展させる権利を有する。人身の自由は、不可侵である、となっています。それゆえに、人権というのは自由の権利ということにもなります。このようなドイツ憲法の文章の流れをたどりますと、人間の自由がどのように守られるべきであるかという考え方の経緯を明らかにしていることがわかります。繰り返しますと、まず一人一人の人間の不可侵の尊厳があり、その尊厳を保障する基本的人権があります。その基本的人権とは、各人の人格を自由に発展させるためのものである、としています。このようなドイツ憲法の解釈・構造はまさに、聖書的、キリスト教的ではないでしょうか。

まず、聖書との共通性について考えてみます。聖書には、人間の尊厳という言葉はありません。確かに聖書は、人間の尊厳という言葉は使っていませんが、その内容は、人間が尊厳を持っている理由と根拠を明らかにしています。それに対して、ドイツの憲法は人間が尊厳を持つ理由について何か言っているでしょうか。ドイツの憲法に限りませんが、近代のさまざまな国の憲法を見ましても、どれも肝心の人間の尊厳の理由については何も語っていないのです。そのように、人間の尊厳の理由は問わないでそれは不可侵と言い、そうした尊厳を前提にし、その人格を自由に発展させるために基本的人権を憲法に定めているのです。ところで、聖書も、尊厳という言葉を使っていません。しかし、聖書の中心は人間の尊厳の内容、尊厳の理由、文字どおり人間の厳かな尊さを、至る所で語っています。その第一が人間の創造です。旧約聖書には、次のように記されています。神に似せてかたどり、人間が造られたということです（創世記一・二六）。また、「人の血を流す者は、人によって自分の血を流される。人は神にかたどって造られたからだ」とあります（創世記九・六）。よく知られているように、アメリカの「独立宣言」に「われわれは、自明の真理として、……造物主によって、一定の奪いがたい天賦の権利を付与され、そのなかに生命、自由および幸福の追求の含まれることを信ずる」『人権宣言集[*]』とありますが、この宣言も創世記の言葉を反映しているといえるでしょう。次に新約聖書です。人間一人一人に価値があるとしています。主イエスは、「わたしの兄弟であるこの最も小さい者の一人にしたのは、わたしにしてくれたことなのである」と言われました（マタイ二五・四〇、四五）。また、「このような一人の子供を受け入れる者は、わたしを受け入れるのである」（マタイ一八・五）と、主イエスは、ご自身と最も小さい者（人間）とを同じ価値、同じように尊い、とされました。さらに主イエスは、ご自身の使命・努めとして、「多くの［すべての］人の身代金として自分の命を捧げるため」（マルコ一〇・四五）である、と宣言なさったのです。

旧新約聖書全体が言及しているこのような人間の尊厳について、現代の憲法は何も言っていません。人間の尊厳の理由を、皆さんが学ぶ大学での学問は明らかにしているでしょうか。また、明らかにしうるのでしょうか。さらに、私たちは、自分自身の尊厳のみならず、他の人の尊厳を守っているでしょうか、また守ることができるのでしょうか。私たちは、本当には自分の尊厳について知らず、他人の尊厳についても十分に理解することができていないように思われます。そこに人間の尊厳意識の喪失を見ることができるように思います。それに対して聖書の言葉は人格の尊厳を明らかにしているといえるように思います。しかし、その聖書の言葉は、宗教的です。それゆえに人間の尊厳を認めるというのは宗教の問題であるように思います。そのように人間の尊厳ということは本来宗教的なことではないかと思います。実際、ドイツの憲法はその日本語訳や英訳のように人権の不可侵を「認める（acknowlege）」とはいわず、「認め、告白する（sich bekennen）」という言葉を使っているのです。人間の尊厳を明らかにすることも、またその尊厳を守ることも、本来宗教的な事柄といわざるをえません。それだけに、政治・社会制度が人間の尊厳・人権を基礎にする社会の形成のために、キリスト教は重要な責任・使命を持っているように思います。

*『人権宣言集』高木八尺・末延三次・宮沢俊義編、岩波文庫、一九五七年、一一四頁。

10　自由にする真理

――ヨハネによる福音書八・三一―三六

「真理はあなたがたを自由にする」。この聖書が語る「自由にする真理」とは異質な、言い換えれば正反対の深刻で悲惨な真理や自由を二十世紀の人類は経験しました。その極端な自由の一つが、ヒトラー・ナチスのアウシュビッツ強制収容所です。強制収容所の入り口の門の上に、鉄製の看板に「ARBEIT MACHT FREI（労働は自由にする）」と記されていました。多分今日でもこの「労働は自由にする」という文字はヒトラー・ナチズムの特徴の一つを明らかにするものとして、強制収容所跡にそのままにしてあるのではないかと思います。

強制収容所でなされた労働は、何かを生産する労働ではありませんでした。大量虐殺の死体処理に関わる労働でした。そして自由はガス室の死を意味するものでした。ヒトラー・ナチズムはヒトラーと彼の政党ナチスによる独裁でした。今日でいえば武力と暴力が支配するテロ国家でした。そして労働にせよ、自由にせよ、彼らが使った言葉は彼らの政策実現のための道具にすぎませんでした。そこには伝統的な、正当な言葉の意味はなかったのです。そこで彼らの思想やコンセプトはしばしば「能動的ニヒリニズム（虚無主義）」と呼ばれています。

次にここで聖書がいう真理に対するもう一つの正反対の意味を持った真理の例を挙げます。一九一二年から約九十年続いた「真理」という新聞のことです。その新聞というのは、旧ソ連の共産党機関紙『真理（プラウダ）』のことです。その『真理』という新聞もスターリンの独裁や大量虐殺を正当化する道具でした。その「真理」がいかにでたらめなものであり、白を黒と言わせたり、思わせたりするものであったかを、ノーベル文学賞受賞作家アレクサンドル・ソルジェニーチンは『収容所群島』などの作品で明らかにしています。スターリンは、ヒトラーに劣らない多数の国の人々を、また、他の民族を虐殺したといわれています。

以上の二つとは違う自由についての例を次に挙げたいと思います。それによって、聖書のいう「自由にする真理」をより明確にしたいと思います。

二〇〇一年のことですが、東京大学の教養学部創立五〇周年記念シンポジウム「二一世紀の大学像を求めて」のことが、新聞に出ていました。私は、このシンポジウムをまとめたコーディネーターの言葉に注目しました。「結局は人間の自由（の問題）です。自由とは決められた規則は必ず破られるということであり、（人間は）自由に偶然を作り出して世界を変えてきたのである。しかしここに来て、（問題は）人間の自由の根拠そのものにまで及んできた」とまとめていました（朝日新聞十一月二十六日）。この文章では、規則を破る人間の自由とその理由・根拠が問われています。規則を破る自由をどう判断するか、どう受け止めるか、それが問題になっているように思います。破られる規則が反社会的行為に関わるものであれば、それは司法当局が関与すべきことです。その場合には規則を破ることは犯罪になります。少なくとも反社会的行為ということになります。

しかし、ここで問題になっているのは、もっと日常的な私たちの現実生活における自由であると思います。つまり私たちは日常生活では、自分で考えるさまざまな理由、根拠、目的を持って自由に行動しています。その自由な行為には責任が伴うというのが、このシンポジウム・コーディネーターのまとめなのです。もしそうだとすると、まさに、その点で主イエスの言葉と結び付くように思います。自由になされた行為が、とくに他人や自らの人格の否定になっていないか、ということです。それこそ主イエスが問う人間の問題であり、罪の問題です。

ヨハネによる福音書八章三四節で、主イエスは「罪を犯す者はだれでも罪の奴隷である」と言っています。罪の奴隷からの自由、それが、ここで聖書のいう自由の真理です。聖書のいう罪とは、前述のように具体的な反社会的行為、犯罪のことのみではありません。また、国家や政党による政治的、集団的行為を取り上げてもいません。ここでいう罪は、国家の犯罪、社会集団の犯罪を直接問題にしていません。一人一人が自覚したり、責任を感じたりする罪のことです。自分の罪を自覚しないことから、ヒトラーやスターリンのような独裁国家においては、国家の官僚組織の中で、一人一人の良心が麻痺《まひ》してしまい、自分自身の責任を問わなくなっていました。罪を無視する世界がいかに悪魔的な世界かがわかるように思います。

私たちの生きている現代の世界ではどうでしょうか。今日、日本を含めて自由主義諸国では、国家よりも、その中の企業や宗教的営利団体、あるいはカルトの集団において、個人個人の自由な判断を許さず、その集団の反社会的行為をそのまま了承させる洗脳がなされています。それが現代社会の自己疎外です。そのような状況も主イエスが問う罪として考えられます。要するに、主イエスのいう真理は、一人一人が自分自身に立ち返って、自立している人間の責任から自覚される罪から私たちを自由にするものなのです。罪から解放する自由、それは罪の赦《ゆる》しということですが、その真理が主イエスによってもたらされたのです。

11

真理とは何かを問う者

総督ピラトの尋問

――ヨハネによる福音書一八・二八―四〇

イエス・キリストが世界史に登場した歴史的事件が、この箇所です。ローマ帝国から派遣された属州ユダヤの総督ピラトの尋問を受けたことです。総督ピラトは、西暦紀元二六年から三六年までユダヤの第五代目の総督でした。キリストは、総督官邸でピラトから直接尋問を受けました。それはユダヤ人たちが主イエスを死刑にしてもらうためにローマ帝国の総督に訴えたことによるものでした。というのは、ローマ帝国の支配下にあったユダヤ人たちには死刑にする権利が与えられていなかったからです。そこで総督ピラトは主イエスがユダヤ人たちの訴えたとおり、本当に死刑に相当する罪を犯したかどうか、直接尋問することになったのです。

その時ピラトは、ユダヤ人たちがキリストを死刑にしてもらいたいのは、嫉《そね》みからだということを知っていました。ピラトはキリストを無罪放免してもよいと思っていました。

尋問の結果、ピラトはキリストに罪を見いだせなかったので、一体どんな悪事をしたのかと、ユダヤ人たちに問い返しました。ユダヤ人たちはキリストを死刑にせよと言い続け、迫りました。ピラトは群衆の「キリストを十字架につけろ」という激しい声に負けました。聖書は群衆の声が勝った、あるいはピラトは群衆を満足させようとした、という書き方でこの事柄を説明しています。いずれにしてもピラトは無罪の主イエスに死刑の判決を下し、同じ時期に裁判にかけられていた暴動の首謀者バラバを、これも群衆の声に負け、釈放したのです。ちなみに釈放されたバラバは、ラーゲルクヴィストの『バラバ』という有名な小説の主人公になっています。

「民衆の声は神の声（ヴォックス・ポプリ、ヴォックス・デイ）」という有名な言葉があります。またそれが、ある新聞のコラムの名称として使われ、この新聞を有名にしています。しかし、民衆の声が神の声でないという場合もあります。この事件はそのことをはっきりと示しています。

国家は宗教の真理とは何かについて質問することはできます。まさにピラトがそうだったのです。ローマ帝国の代表者として、真理とは何かとキリストに尋問したわけです。しかし、ピラトはその宗教の真理が正しいものかどうかということの判断はできませんでした。そのようにこの事件は、宗教はもちろん、思想や信念といったことについて、それが真理であるか、あるいは、間違った教えであるか、また迷信かどうか、国家は判断することができないということを示しているのです。この事件はそのことの一つの象徴、あるいは例となっています。

国家にできることは、反社会的かどうか、犯罪的行為に関係しているかどうかについての判断だけです。宗教上の問題、思想上の問題、世界観とか価値観については、それが正しいとか間違っているか、など判断はできないのです。それは何かと問いを発する程度のことしかできないのです。正邪、善悪の判断は差し控えるべきです。その逆に、宗教が政治と一体になる、宗教的原理主義とか、宗教的一元論といわれるものも、聖書は拒否しています。「わたしの国は、この世には属していない」（ヨハネ一八・三六）という主イエスの言葉がそれを明らかにしています。

ピラトの尋問と主イエスの答えは、政治が宗教の一つになる、すなわち政治の疑似宗教化を否定しただけでなく、宗教を政治化しようとする、すなわち宗教の原理主義化の否定も私たちに教えていると思います。

12

いまを生きる
アブラハムの神

――マルコによる福音書一二・一八―二七

聖書には「復活についての問答」という表題がついております。内容を見ると復活をきっかけに、死後の世界が大事なのか、いま生きている世界が大事なのかということを問題にしているように思えます。なぜなら、結論のところで、「神は死んだ者の神ではなく、生きている者の神なのだ」と言っているからです。私たちは「宗教」というと死後の世界を問題にしていると考えます。しかし宗教がさし示すこと、つまり神と人間との関係というのは、死後のことではなくて生きている現在のことなのです。今この時が大事であるということです。これがこの箇所が示す重要な問題でしょう。もちろん、死後の世界がどうなるかということは、重要な問題です。あるいは、死とは何か、死の行事、死んだ時にどういうことをするかということは宗教にとって大きな問題です。とくに日本では、お葬式は大変重要な行事です。キリスト教にとっても、死ということは重要な問題です。死後のことも、どうでもいいことではありません。

それにもかかわらず、宗教が問題とする神と人間との関係は、生きている今この時の問題なのです。

現在のことが最も重要だというのが、本日の聖書の箇所です。この箇所では、最後のところで旧約聖書を引用して、「わたしはアブラハムの神、イサクの神、ヤコブの神である」と言って、「神は死んだ者の神ではなく、生きている者の神なのだ」と結んでいます。この「わたしはアブラハムの神、イサクの神、ヤコブの神である」、という聖書の言葉は有名な言葉です。この箇所がとくに近代に入ってから有名になったのは、ブレーズ・パスカルがこの言葉を生涯大事にしたということと関係があると思います。

今年の夏は、何度も大きな台風が来ました。その台風の進路が説明される予報時にいつも、ヘクトパスカルという言葉が出ました。その言葉の後半、パスカルというのは、ブレーズ・パスカルのことです。ヘクトパスカルのパスカルというのは圧力の単位だということは皆さんご存知でしょう。ヘクトというのは、もちろん一〇〇ということです。パスカルは数学、物理学の天才的な学者でありましたが、同時に哲学者、神学者でもありました。そのパスカルが、有名な言葉を残しています。皆さんもよくご存知だと思いますが、「人間は一本の弱い葦である。けれども、考える葦だ」という言葉です。「宇宙の中で最も弱い葦であるが、宇宙よりも偉大だ。なぜなら、宇宙はそのことを知らないからだ。しかし、宇宙を含めていろいろなことを人間は知っている。それよりも、小さな一つの愛がさらに偉大である」とパスカルは続けています。つまり、パスカルは人間は「宇宙の中で最も弱い葦である」、「しかし宇宙はそのことを知らない」、「それを知っている人間は偉大だ」というわけですが、それに続くパスカルの最後の言葉に注目したいと思います。「宇宙の中にあるいろいろなことを知っていることよりも、一つの小さな愛のほうがもっと偉大だ、もっと大事だ」という言葉です。

ところでパスカルは、三十歳を過ぎてからキリスト者として回心する時、アブラハム、イサク、ヤコブの神、そしてイエス・キリストの神、これが自分の信じる神で哲学者の神ではないという言葉を残しています。そして、この言葉を自分のヴェスト（胴衣）に縫い込んで、生涯いつも肌身離さず身につけていました。このパスカルの言葉は、本日の聖書の箇所に関連しています。

アブラハムは、イスラエルの民族の最初の族長、イスラエル宗教の始祖として旧約聖書において最も重んじられている信仰の父というべき人物です。それのみならず、とくに新約聖書において使徒パウロが信仰の父祖、始祖として重んじました。そして宗教改革者ルターもアブラハムの信仰ということを何度も説いています。

もう一つ記憶されるのは、このアブラハムがユダヤ教、キリスト教だけでなく、イスラム教徒ムスリムにとっても、信仰の最も重要な最初の人物、始祖といわれていることです。信仰の父としてアブラハムが、コーランには何度も出てきます。そういう点で、イスラム教とキリスト教は、アブラハムの信仰を中心にして大きな共通点を持っているといえます。

ハンチントンの「文明の衝突」が話題になっています。主としてそこでいわれているのはイスラム教文明とキリスト教文明の衝突です。元来、文明の衝突という考えはアメリカ的発想だと思います。

日本人はそういうことを言いません。日本には、文明の衝突ということ自体が思想文化にないのかもしれません。日常生活でも経験することがありません。いずれにしても、欧米でいわれている文明衝突の二つの文明とその文明に深く関わる宗教において、アブラハムは共通に重要な人物として、信仰の始祖、父祖として重んじられているということを記憶してよいのではないかと思います。

キリスト教とイスラム教は、イスラム教が登場して以来、衝突や対話、文化、文明の交流を繰り返してきました。決して二つの文明の衝突が今始まったわけではありません。衝突と対話・交流ということは、千年以上にわたりイスラム教とキリスト教の間で行われているということも覚えておくべきでしょう。

ところで、「イサクの神」のイサクというのは、アブハラムの子供イサクのことです。イサクの誕生にまつわるアブラハムの信仰の物語が有名です。アブラハムはイサクを生け贄《にえ》として捧げるようにと、神の啓示（神の教え）を受け、それを実行しようとしました。その時、「おまえの信仰はよくわかった、イサクを犠牲に捧げることを中止するように」と神に言われるのです。それがアブラハムの神体験の具体例の一つです。もう一つ、アブラハムはカルデラのウル（バビロンの東）を出てパレスチナ地方に移動して行きました。それも神のお告げによって、いま生きている神を信じて出て行ったのです。この二つのことが、アブラハムの信仰という場合に旧約聖書が教え、また新約聖書が語り告げている主要なことなのです。

アブラハム、イサク、ヤコブの神を信じるということは、現在も、生き、働き、私たちと共におられる神を信じることなのです。聖書が語り、パスカルが示したことも、いま生きておられる神を信じ、いまを生きることです。

13 個々人に与えられた異なった資質

——ローマの信徒への手紙一二・三—八
（コリントの信徒への手紙一 七・七）

賜物

パウロは、「一人一人に言います」（ローマ一二・三）と個人を強調しています。そして、「わたしたちは、与えられた恵みによって、それぞれ異なった賜物《たまもの》を持っています」（同一二・六）と、個人の人格の尊厳の根拠を明らかにしています。さらにパウロは「人はそれぞれ神から賜物をいただいているのですから、人によって生き方が違います」（一コリント七・七）と記して、自立した個人の生き方を尊重しています。

賜物（カリスマ）は、今日は超能力や卓越した資質に用いられていますが、本来は好意とか自由な贈物ということで、一般には個人の尊厳、個人の能力、資質という意味です。聖書では、神の恵みによって個人個人に与えられたものという意味です。そこに聖書のメッセージが込められています。聖書は別な所で、個人の能力・資質（カリスマ）にはいろいろあるが、それは同じ聖霊の賜物（カリスマ）であると言っています（一コリント一二・四）。そういうことを前提にパウロは、ひとはそれぞれ神から賜った物——能力・資質——があるのですから、人によって生き方が違います、と言ったのでしょう。その賜物の間には、何の差別もありません。まさに、そこに、かけがえのない個人の根拠があります。聖書は一人の人間として、私たち一人一人にはそれぞれかけがえのない資質が与えられているととらえています。

そのような意味での個人主義が、聖書の個人主義です。それは決してエゴイズム（利己主義）ではなく、神の前での自立した個人、単独者としての個人に与えられている神の賜物に基づくものです。

ここに展開された思想は、日本国憲法第一三条、第一四条にうたう、個人の尊重と男女両性の本質的平等を根拠付けるものでもあります。

近代日本を代表する作家の一人、森鷗外に『杯』という小品があります。そろいの浴衣と草履を身につけた七人の女性と洋服姿の一人の東洋で生まれた西洋人の子かそれともハーフの女性の話です。彼女たちは温泉宿の近くの清らかな泉の水を飲むため泉で一緒になりました。そろいの浴衣の七人の女性は、宿屋から大きな銀の杯を持ってきて、それで井桁《いげた》から水を飲みました。八人目の洋服の娘は黒ずんだ小さな陶器のグラスで飲もうとしました。その時、鷗外は、「七人の娘はこの時始めて、平和の破壊者のあるのを知った」と書いています。黒ずんだ小さい杯について、七人の娘たちは「妙な杯ね」、「変にくすんだ色だこと」、「石じゃあないの」、「墓の中から掘り出したようだわ」、「馬鹿に小さいのね」とこもごも手に取り侮蔑《ぶべつ》しました。そして、一人の娘が「あたいのを貸そうかしら」と憐れみの声で言い、大きな銀の杯を差し出しました。この時、洋服姿の娘は、「わたくしの杯は大きくはございません。それでもわたくしはわたくしの杯で戴きます」と言いました。鴎外は、「第八の娘の態度は、自分の意志を表明して、誤解の余地がない。一人の娘は銀の杯を引っ込め、今一人の娘は黒い杯を返した。当の第八の娘は泉を汲んで、唇を潤した」と結んでいます。

この作品は、一九一〇（明治四十三）年一月のものです。しかしそこには、それからほぼ百年後の今日の日本とほとんど変わっていない日本文化の世界が展開されていないでしょうか。多数の人々のものとは違うものを身につけている者に対する侮蔑のまなざしと、少数の者を多数者に同化させようとする集団主義のいじめです。このような日本の文化のありようは今日も本質的に変わっていないのではないでしょうか。

実は、鴎外はこの『杯』の五カ月後に、『普請中』という短編を書いていますが、その中に「ロシアの（旅の）次はアメリカが好かろう。日本はまだそんなに進んでいない（個性が重んじられていない）からなあ。日本はまだ普請中だ」という一句が出てきます。この言葉にも同感の方がいるかもしれません。

問題は、私たちも、鴎外の描く『杯』の世界に無縁ではないということです。さらに鴎外が描いた人間が求める同一集団化、同郷化、同族化、同一民族化、国粋化は日本のことだけではないのです。人を傷つけて喜ぶ（ドイツ語ではシャーデンフロイデ）という態度は多かれ少なかれ世界のいろいろな国で見られる現象でもあります。人間の普遍的な問題（罪）でもあります。また、そのような精神から、残忍ないじめが生まれ、悲惨な局地戦争がもたらされているように思います。そして、個人の利己主義、自己優越心はいつでもどこでも他の人格を傷つける可能性を持っているように思います。

それだけに、ローマの信徒への手紙が説く価値観、「人はそれぞれ神から賜物をいただいているのですから、人によって生き方が違います」という他の人格の尊重の勧めは、時を超え、所を超えた価値を告げる聖書のメッセージです。

14 人間の尊厳の根拠

兄弟

――ローマの信徒への手紙一四・一〇、一五

ローマの信徒への手紙一四章にはいろいろなことが書かれていますが、キーワードは兄弟です。兄弟の意味や兄弟に対する関係やあり方を明らかにするための文書と理解されます。パウロは兄弟という言葉を、同じ家族、民族、隣人、同じキリスト教信者などの意味に用いていますが、この一四章は、最後の同じキリスト教信者の間という意味です。ローマの信徒たちに向けて書かれた手紙という事情から考えると、パウロがローマのキリスト教信者を兄弟と呼んだのは当然のように思います。また、新約聖書のパウロの手紙は、大体どこか特定の場所のキリスト教信徒宛の手紙です。その意味では、パウロの手紙は、兄弟は基本的にはキリスト教信者の意味に使っていると考えられます。それゆえ、私たちキリスト教学校においても、いわんや一般社会においても、パウロの意味において兄弟という言葉は普通には使いません。要するに、家族内の兄弟という言葉から始まって、隣人、同一民族、同一宗教団体、同一結社内での兄弟という呼び方は、地縁、血縁、同一宗教、同一思想内の事柄で、それらを超えて普遍的意義、特別な意味、普遍的価値を見いだすことは困難です。その反対に、同種の

（ホモジーニアス）世界で兄弟というのは当たり前のことです。

パウロにおけるそのような兄弟についての用語法や理解の中で、一五節の「キリストはその兄弟のために死んでくださった」という言葉は注目に値します。なぜなら、そこにキリスト教の人間観の、今日も妥当する主イエスが語った普遍的価値が認められるからです。

そのことを理解するために、パウロのいうキリスト、すなわち主イエスご自身における兄弟の用語法を検討しなければなりません。それは、新約聖書の至る所で見られるものです。その中から二、三有名な箇所を取り上げてみたいと思います。

第一は、山上の教えの一つです。そこで、主イエスは、「自分を愛してくれる人を愛したところで、あなたがたにどんな報いがあるだろうか。……自分の兄弟にだけ挨拶したところで、どんな優れたことをしたことになろうか」（マタイ五・四六、四七）。これは、創造者である神はすべての人間の父である、神に造られた人間はすべて兄弟であるという考えに基づいています。普通に用いられている家族の内の兄弟とは異なる者、それを越える者、人間はすべて兄弟ということに眼を向けさせる鋭い言葉です。

第二の主イエスの言葉は、同じくマタイによる福音書のものです。「わたしの兄弟であるこの最も小さい者の一人にしたのは、わたしにしてくれたことなのである」というものです（同二五・四〇）。これは、困っている人、助けを必要としている人が主イエスと同じ価値を持っているという宣言です。ここでは、同一宗教、同一民族を越えて最も小さい者の一人が一人の兄弟として、とらえられています（善いサマリア人の譬え、ルカ一〇・二五―三七参照）。主イエスは一人の人間それ自体の尊さ、価値を明言しておられるものです。

第三は、主イエスの十字架上の言葉です。主イエスを十字架につける人々、すなわち、主イエスの敵である人々に向かって、「彼らをお赦《ゆる》しください」と言われました（ルカ二三・三四）。この言葉は、主イエスの十字架の死が罪を赦す贖《あがな》いの死であることを明らかにしているものです（マルコ一〇・四五）。主イエスの愛が贖罪《しょくざい》愛ともいわれる根拠になっています。それはまた、「友のために自分の命を捨てること、これ以上に大きな愛はない」と言われたことの実践でもありました（ヨハネ一五・一三）。前述の最も小さい者の一人、すなわち、最も小さい者を含めて一人一人の人間の尊厳か価値ということの根拠は、この主イエスの十字架の死を賭けた愛によって、それらの一人一人が愛されているということによって、裏付けされています。さらに、主イエスは一人一人を、「天の父と子」と見ておられました（マタイ五・四五、六・五以下ほか）。天の父のもとで兄弟であると見ておられました。それゆえ主イエスはすべての人に兄弟として対し、その一人一人のために贖罪の死を遂げられたことになります。そこに、主イエスが示した二重の愛があり、そこから人間の尊厳が生じているのです。哲学者イマヌエル・カントは、〈一人一人の人格を手段とせず、目的とせよ〉という命題は絶対的な倫理的命令であると主張しました。それは主イエスの、このような三重の愛の証言と理解することができます。それゆえ、カントをプロテスタントの哲学者と呼ぶのももっともだといえるでしょう。

それにしても、今日のグローバリゼーションの時代においても、地縁（出身地、出身学校、同一企業）、血縁（親戚、同族）の枠の外において、つまり地縁・血縁を離れて、それらにとらわれないで、共存することは困難なことです。また共同生活を形成すること、さらに民族間、国家間の平和な共同社会を樹立することは不可能と思われるほど困難です。さらに私たちは、日常生活においても、他の人はもちろん自分自身さえも、自立した主体的人格的存在として取り扱い、振る舞うことは容易なことではありません。しかし、主イエスは私たちに「兄弟」として関わってくださいます。「父よ、彼らをお赦しください。自分が何をしているかを知らないのです」という主イエスのとりなしの祈りの中に立ち続けたいと思います。

15 価値多元社会を形成するために

異邦人、異教徒

――ローマの信徒への手紙一五・一〇―一三

私たちは日本人以外の人々を外国人といいます。国籍が日本にあっても外国人ということもあります。ただ、外国人という言い方は差別感を与えないようです。一方で、今も外国人にとって嫌な感じを与える外人とか外人さんという差別用語が残っています。諸外国から難民を受け入れない閉鎖的な問題がこの言葉にもうかがえます。

それに少し似ている言葉で異邦人という言い方があります。異邦人というこの言葉はもともとは単純に外国人を意味していたのですが、旧約聖書はユダヤ人以外の神を知らない人々として差別して使っていました。本来、国民とか民族をも意味する言葉でしたが、差別、軽蔑の意味が派生し、異邦人（よそ者）という用語で呼んでいました。そしてキリスト教になりまして、キリスト教信者でない人々を一様に異教徒というようになりました。

十七世紀以降の欧米諸国のキリスト教が外国伝道に関連して使っている言葉は、聖書では他の民族という言葉である異邦人（ジェンタイル）を異教徒（ヒーズン）と訳したり、呼んだりすることが多くなっているように思います。例えば、明治の初め優れた日本旅行記を書いたイギリスの女性イザベラ・バードも、日本人のことを同じように神によって創造された異教徒（ヒーズン）と呼んでいます。とくに第二次世界大戦前にドイツで出版された、アフリカ、アジアのキリスト教伝道に関するキリスト教の書物は、もっぱら異教徒たち（ハイデン・ヒーズン）と呼んでいます。

ところで、聖書はどうでしょうか。この「ローマの信徒への手紙」を書いているパウロは異邦人をどんなふうに見ているのでしょうか。ローマの信徒への手紙には、異邦人という言葉がたくさん出ています。その中から、本日のテキストとの関連の深い所を取り出してみます。まず、「神はユダヤ人だけの神でしょうか。異邦人の神でもないのですか」と言っています（ローマ三・二九）。そして、「信仰により、イエス・キリストに結ばれて神の子なのです」。さらに、「ユダヤ人もギリシア人もなく、奴隷も自由な身分の者もなく、男も女もありません。あなたがたは皆、キリスト・イエスにおいて一つだからです」（ガラテヤ三・二六、二八）。これらの言葉は、簡単にいえば、創造者なる神のもとでは差別はない、救い主イエス・キリストにおいてはみな同じで差別はない、ということです。このパウロはキリスト教徒同士を兄弟と言っていますが、その背景にはこういうことがあるのです。したがって、主イエスが「神の御心を行う者」を兄弟とされたこと（マルコ三・三五）と矛盾するものではありません。主イエスは山上の教えで創造者である父なる神のもとで、人間は兄弟であると、言われました。さらに、主イエスは助けを必要としている小さい者を兄弟と言いました。それが、主イエスにおける兄弟です。

こうした聖書の「兄弟」や「異邦人」についての教えから、私たちは次のような問題を投げかけられます。私たちは、よそ者、部外者を簡単に受け入れることができないということです。それには、これまでの歴史や文化の相違、社会の制度や教育の問題も影響があるでしょう。とくに、家庭や学校における人間や社会についての内と外の倫理の区別、縦社会の論理、あるいは愛国心を強調する自国中心主義の教育の影響があるかもしれません。これらの影響は日本人が外国人にどのように振る舞うかということでは無視することはできません。しかし、基本は私たち一人一人の個人の問題です。人間は本質的に自己中心であり、自分の方に曲がっていることから解放されていないのではないでしょうか。

それだけに、聖書の兄弟観、聖書の異邦人観の光に照らされ導かれるものでありたいと思います。また、現代において価値多元の社会を維持し、自立した多様な個人によって構成される社会と世界を形成していくためには、そのような聖書の兄弟や異邦人（他者）についての考えをますます必要としていると思われます。

16　使命に生きる

――コリントの信徒への手紙一　七・一七―二四

「おのおの召されたときの自分にとどまっていなさい。……奴隷であった人も……自由の身になることができるとしても、むしろそのままでいなさい」（一コリント七・二〇―二一）。なぜパウロは自由の身になることができても「奴隷のままでいなさい」という勧めをしているのでしょうか。

ここには召す（召される）という言葉が、六回使われています。この言葉に該当する原文では、英語のコーリング calling、ドイツ語のベルーフ Beruf に相当するギリシャ語が用いられています。英語のコーリングという言葉には、一般の職業という意味がなくはないようです。しかし英語のコーリングはとくに天職、神に命じられた職業という、特別な使命をおびている職業という意味のようです。それに対して、それに相当するドイツ語のベルーフというのは、まったく普通に職業という意味に用いられています。つまり神が呼び出す、召し出す、召集するという言葉を普通、一般の職業という言葉で訳したのです。この召すという言葉をベルーフと解した最初の人物が、宗教改革者のルターであったかどうか、それはよくわかりません。ただ、ルターは「召す」という言葉を神がこの世界に召し出す、と理解し職業と訳したのです。そのことから、職業の意味について考えたり、論じたりするときに、必ずルターの職業・召命論が取り上げられます。

ルターの職業観についてはここでは取り上げませんが、この聖書の箇所から私たちが神に召される。信じる者に招かれるというのは、この世界からまったく別の世界で生きるということではありません。この世界の中で、「職業」の中で神から使命を受けて生きることです。その時、特定の職業だけでなく、どんな職業でも神から特別に使命を与えられている、また社会的にも有意義な職業であると語られていると理解できるでしょう。自分の従事している職業において天職と呼ばれるものを求めていくことは望ましいことでしょう。誰《だれ》が見ても社会的意義があり、天職と呼ばれるに相応した職業に従事しており、そのうえ、天職に励んでいますと答えることができればいっそう幸いでしょう。しかし、一般的に言って、とくに聖職とさえ呼ばれる有意義な職業であればあるほど、その職業に神から命じられたあり方にふさわしい仕方で従事することは簡単なことではないでしょう。マックス・ヴェーバーは、「人間の内面の意識、気持ちの純粋性が生きている限り、天職にふさわしいその仕事に従事しているかどうかという問いを持つことはありうる」と言いました（『職業としての政治』*）。聖書から導き出される職業なり制度のあり方と現代における社会の実情との隔たりは大きいものがあります。しかし、その隔たりの中で、神から与えられた使命とは何かを探し求めていくことが、ここでパウロが語ろうとしていることです。

ところで、パウロは奴隷制度をどう考えていたのでしょうか。奴隷制度は望ましいものではないとしつつも、積極的に奴隷制度に反対していません。キリスト者としての自由と人間の平等を主張していますが、奴隷制度に反対していません（一コリント七・二一およびフィレモン八節以下参照）。奴隷に限らず聖書においては、特定の政治・社会制度、政治権力に対して、人々が政治的に反対運動を起こすようにうながすということはありませんでした。

主イエスは「わたしの国［神の国］は、この世には属していない」と言いました（ヨハネ一八・三六）。パウロはこの世の国家も神によって設定されていて、善を勧め悪を懲らしめる使命がある、と言っています（ローマ一三・四）。しかし人間に従うよりも神に従うべきであるとも言っています（使徒四・一九）。これは社会や制度の改革や改善を否定したものではありません。特定の職業も社会制度も、政治もそれ自身絶対的に善というのではない、言い換えれば、自由と平等が完全に実現されているのではない、そこにいる一人一人の人間のあり方が問題なのだ、だから、神の使命を召命を受けた場で、受け取り直し、その場で、神の栄光をたたえるために生きる、それが重要なのだと言っているように思われます。

パウロにとって、大切なのは、その人自身が神の掟《おきて》を守ることです（一コリント七・一九）。今朝はとくにこの点に注目したいと思います。

もう一度繰り返しますと、聖書は現実にある社会制度、政治制度に対して、例外を除いて積極的には反対しませんでした。世俗の公権力についても、明確にその意義を認めています。その上で、神の掟とは何かを問うています。この場合の神の掟とは、キリスト者にとってのみならず、キリスト者以外の人、仏教やイスラム教にも受け入れられていると思われるものです。聖書では、十戒、とりわけその後半を問題にしています。「これだけはしてはならない」、すなわち最小限の禁止事項として殺すなかれ、盗むなかれなどです。別な言い方をすれば、それは今日基本的人権といわれるものを保護している、最小限してはならない戒めであります。そして、それらの戒めを根底にすべき社会秩序を聖書は大切にしています。

*マックス・ヴェーバー『職業としての政治』脇圭平訳、岩波文庫、一九八〇年。

17 アガペーとエロース

——ヨハネの手紙一 四・七、八

「神は愛です」という有名な言葉が記されています。神は愛であるとはギリシャ語で、アガペーという言葉が使われています。ギリシャ語のアガペーには、人間相互の愛、人間の神に対する愛という意味もありますが、聖書に特徴的な意味は、罪ある人間に対する神の愛という意味です。聖書では、ギリシャ語で一般に愛を意味するアガペーを独特に理解して使っています。

アガペーと同様愛をあらわす言葉としてギリシャ語にエロースがあります。これも人間の愛という意味があります。しかし、プラトンは学問を愛することもエロースだと説明しています。プラトンが強調したエロースは、普通に私たちが使っている異性を愛するエロースという言葉とは違います。とくにプラトンが強調した愛というのは真理に対する愛です。人間が知識を獲得し、あるいは真理を探求し、そして新しく知恵を獲得して向上する、これがエロースの愛であり、プラトンが強調した愛です。これは学問を学ぶ人間にとってなくてはならない愛でしょう。しかし、エロースには、効率、効用、効能を求める意欲も含まれています。それが現代世界を作っています。現代において、私たちにとって最も身近な愛といってもいいでしょう。

しかし、エロースだけが現代を形成するもの、あるいは現代に絶対必要なものでもありません。むしろそういう愛だけだと人間は破壊されてしまいます。なぜならば人間の世界は、効用、効率によってのみ成り立っていないからです。成り立っていないにもかかわらず、現代の社会は私たちに効率を追求するようにあおり続けています。そこに現代世界の落し穴があります。アガペーの愛はそれに対して警告を発しているといってもいいでしょう。効用や効率だけを追い求めますと、人間と人間の関係はもちろんのこと、社会や企業、家庭も学校も破壊されます。その中で、アガペーの愛は、一人一人の持っている賜物《たまもの》、人間としての素質、カリスマといった他の人がとって代えることのできないものを発見したり、貴重なものとして評価することに結び付くのです。

こういったことについて宗教改革者ルターは、ハイデルベルク大学で「ハイデルベルク論争」といわれる論争をいたしました。それは宗教改革が起こった翌年一五一八年のことです。その時の論争の最後に、最も重要なテーマであるこのアガペーとしての愛の問題について、次のように言っております。「人間の愛というのは人間が観察して、外から見て気に入るもの、正しいもの、美しいもの、好きなもの、そういうものを愛する」。まさにそのとおりです。それが人間の愛です。しかし神の愛、アガペーの愛は愛することのできないものを愛することができるように変えるというのです。

私たちは自分にとって気に入るもの、好きなものを、あるいは自分にとって役立つもの、自分が見て美しいもの、それしか選択しないでしょう。それしか愛することはできないでしょう。ということは、要するに、すべてのものを愛することはしないのです。愛さなければならない人間、家族、周りの人、そのような人に対してもまた、今言いましたように、気に入るもの、美しいもの、好きなもの、役立つもの、そういうものしか愛さないとするならば、良い人間関係は成り立ちません。それは典型的な自己愛、自分を愛する愛から発した結末であるといえるかもしれません。

ドイツ語の辞書でアガペーのところを引いてみますと、「アガペーというのはキリストによって示された罪ある人間に対する神の愛である」とあります。罪ある人間に対する神の愛、これはルターに言わせれば、愛することのできない人間を愛しうるように人間を変える愛ということです。それは、人間にできることではないでしょう。ですからアガペーは神の愛なのです。その重要な主題をルターはハイデルベルク論争において取り上げたのです。神の愛すなわちアガペーは、人間の問題が問題になるところでは、大学であろうとどこであろうとエロースの支配する世界の中で、私たちに人間として生きるためになくてはならないものを示し続けています。

18　自由に生きる

——コリントの信徒への手紙一　九・一九

自由についての古典的名著としてよく知られている書物の一つにジョン・スチュアート・ミル『自由論』（一八五九年）があります*。ミルは、本書の冒頭で、意志の自由、市民的自由、社会的自由というように自由を三種類に分けています。そして市民的・社会的自由は、社会や政府が個人に対して正当に行使することのできる権力とその限界を示すと言っています。それに対して、意志の自由については何も記していませんが、それは古代以来長く論じられた選択する意志の自由のことです。ヨーロッパの思想史では、善と悪を選択する意志の自由のことです。とりわけ、ヨーロッパの思想史は善と悪を選択する意志の自由について長い歴史を持っています。

一般の人々にもよく知られた自由意志を取り扱った作品に、ミルトン『失楽園』、ゲーテ『ファウスト』、マーク・トウェイン『不思議な人』などがあります。キリスト教の世界では、自由意志をめぐるアウグスティヌスとペラギウス、またエラスムスとルターとの論争が有名です。

ところで、意志の自由について聖書の立場を鮮明に主張しているのは、パウロのローマの信徒への手紙七章一三―二五節です。そこには、「善をなそうとする意志はあるが、それを実行できない。わたしは自分の望む善は行わず、望まない悪を行っている」と記されています（ローマ七・一八、一九参照）。

本日のテキストである「わたしは、だれに対しても自由な者ですが、すべての人の奴隷になりました」という言葉には、意志の自由でもなくミルの言う市民的・社会的自由でもない、まさにもうひとつの聖書的自由、あえていえば、自由を放棄するところにある自由という逆説的自由が記されています。ミルによれば、市民的・社会的自由が存在するかどうか、すなわち、政府の干渉を制限する市民的・社会的自由が存在することが自由な社会の進歩の条件となっています。本日のテキストが語る自由を制限する自由は、そのようなミルの自由論に対してどのような立場に立っているのでしょうか。ミルの言う自由な社会の進歩の条件にどう関わっているのでしょうか。

そのことについて考える前に、パウロの言う自由を検討してみたいと思います。パウロが「だれに対しても自由」であるということは、「すべてのもの（万人・万物）から自由な者」という意味です。そのようなパウロの主張に従ってそれをさらに強調したのが、宗教改革者ルターです。ルターは『キリスト者の自由』の冒頭で、「キリスト者はすべてのものの上に立つ自由な君主で、何人にも従わない」と言っているのです。問題はその次です。ルターは「キリスト者はすべてのものに奉仕する奴隷（僕《しもべ》）であって、すべての人に従う」と言ったのです。パウロとルターは基本的には同じことを語っているといってよいでしょう。二人はまず、「すべて」のものからの自由を主張し、しかし、その自由は同時にすべてのもの、すべての人間に奉仕し、従うという自由なのだと言っているのです。ルターはパウロの言ったすべてのものからの自由と同様すべての者に奉仕する僕、従うという言葉を付け加えて奉仕ということをいっそう強調したといってよいでしょう。パウロの意図に反せずパウロの意図をさらに明確にしたといってよいのではないでしょうか。

このようなパウロやルターの説く奉仕する僕の自由というのは、近代の市民的自由の代表者の一人J・S・ミルにどう映ったのでしょうか。無神論者であったミルの『自由論』はそれについて言及していません。市民的・社会的自由、これは今日の言葉でいえばまさに基本的人権というべきものです。そうだとすれば、この聖書が記し、ルターが強調したようなすべてのものからの自由とすべてのものへの奉仕の自由というのは、矛盾することになるのでしょうか。基本的人権に反したり、それを歪めたりすることになるのでしょうか。そうではないでしょう。というのは、基本的人権は常にその権利の行使は他の人々にとっていかに役立つか、いかに社会の平和と共同の福祉に役立つかという点で、その自由の行使は意味と品格を得ることになるからです。

さらに自由意志、意志の自由な選択においても同じことがいえるように思います。そのような他の人々への奉仕への自由、強制されない自由な奉仕は、これからの人間の社会、二十一世紀の世界においても、いっそう必要とされることは多言を要しないでしょう。そのようなことをパウロと宗教改革者から教えられます。

＊　J・S・ミル『自由論』塩尻公明、木村健康訳、岩波文庫、一九七一年、九頁参照。

＊＊マルティン・ルター『キリスト者の自由・聖書への序言』石原謙訳、岩波文庫、二〇〇二年、一三頁参照。

19 愛を生きる

——マタイによる福音書二五・三一—四六

私たちが普段使っている暦以外に、教会の暦というのがあります。日付は毎年変わりますが、先日十一月二十日の日曜日は、教会の暦による一年の最後の日曜日でした。最初の日曜日はいつかというと、この次の十一月二十七日の日曜日、これは待降節第一の日曜日ということになります。そこから教会の暦は始まります。そして、四つの待降節の日曜日が終わり、クリスマスになります。それが教会の暦です。本日のテキストは、教会の暦による待降節の前の最後の日曜日によく読まれる聖書の箇所です。しばしばこの最後の日曜日は、永遠を思う日曜日ともいわれます。そして、このテキストの光景は、皆さんが読んでおわかりのように、ミケランジェロが描いたシスティーナ礼拝堂の天井画「最後の審判」に似ています。ミケランジェロはここから「最後の審判」のモティーフを得ているのです。

物語は、非常に簡単であるように思われます。しかし、昔からいろいろな人が、いろいろな形で解釈した有名な箇所でもあります。ここには、飢え、渇き、旅、裸、病気の時、牢にいた時という六つの場面で助けを必要とした人たちのことが出ています。それぞれ、助けを必要としている人たちというのは、金持ちであるとか貧しい人、社会的地位が高い人あるいは低い人とは、必ずしも関わりがないと思います。金持ちの人でも、牢に入れられることが大いにあります。あるいは、地位が高い人も、時に政治家も、牢に入れられるということがあります。必ずしも貧しい人だけがこういう状況にあるとはいえないでしょう。

ではなぜ、この六つの状況の人たちすべてを「最も小さい人」呼んでいるのでしょうか。おそらくこの六つの状況というのは、どういう人であろうと、その時すぐに報いを差し上げることができない、お礼を差し上げることができないことを示しています。助けても報いを期待できない、報酬が期待できない状況にある。つまり無償の愛をしなければならない状況にある人たちのことと考えられます。しかし、いずれも助けを必要としている例です。

ところで、六つの必要とする助けをした、正しいことをしたとされる人たち、そして助けをしなかった人たちも、それが主イエス・キリストに対して何かをしたということであるとは、誰《だれ》も気が付いていないのです。善いことをした時に、自分が善いことをしたと気が付いているという人は、善い人には数えられません。善いことをしたと自分で自分を義と認める自己義認に陥っているということで偽善者に数えられるかもしれません。

アウグスティヌスは、善いことを気付かないでするということは、そこに神の恵みの導きがあったのであるとさえ言っておりま す。これはなかなか考えさせられる解釈のように思います。善いことをした人も最も小さい人と呼ばれています。宗教改革者のルターの有名な『キリスト者の自由』という書物によりますと、これはキリストそのものというよりも、最も小さい者にしたのですから、小さなキリストというわけです。しかし誰もその相手をキリストだとは考えないであろうと思います。ところが、もししなければそれは、永遠の裁きを受けるということになっているのです。この永遠の裁きは、宗教的な罪に関わるような大変重要なことだと理解することができるでしょう。それには理由があります。その理由は、この譬《たと》え話が「最も小さい人にしたのは、わたしにしたことだ」とキリストが言っておられるからです。まさにここにキリスト教の重要な点があるのです。

宗教はドグマや教えというものだけではないのです。むしろ、キリスト教にとっては、どんな教えがあろうとも、主イエス・キリストそのものに比較しますと、それはまさに「教え」でしかないのです。大事なのは、主イエス・キリストに出会い、いつも主イエスに直面しているということです。それが、ここでは助けを必要としている最も小さい人、報いが期待できない人に、必要な助けを差し伸べるということ、そこにキリストがおられるということを教えています。

ここには、ミケランジェロが描いた以上のこと、ミケランジェロが良いものと悪いものとを腕を振り上げて分ける以上のさらに深いことが書いてあるように思います。すなわち、最後の審判ではなく、日常的なキリストとの出会いが語られているのです。しかし、もしそのような小さい善き業ができるとすれば、それは私たちの力ではなくて、アウグスティヌスが言ったように、恵みの働きがあったと、振り返ってみていえるかもしれません。あるいは、ルターが言ったように、誰にでもある日常的な人と人との出会いの中にも小さなキリストがいるということなのです。

第Ⅱ部

キリスト教学校と礼拝

20　礼拝から始まる

――詩編九五・一、四―七

私たちの学校では、礼拝からすべての学問的営み、教育的活動、その他の学校のさまざまな活動が始まります。ここで、あらためて、礼拝の中心は何であるかということを考えてみましょう。また礼拝がどのように私たちの学校の教育に関わっているか、あるいは現代世界の文化の形成にどのように関係しているかということをごく簡単にまとめてみたいと思います。詩篇九五篇は、ユダヤ教の礼拝で読み上げられた式文といわれています。

一節には、「主に向かって喜び歌おう。救いの岩に向かって喜びの叫びをあげよう」とあります。私たちが、礼拝で賛美歌を歌うように、喜び歌い、神の名を呼び求めることから礼拝が始まります。「主の御前にひざまずこう。共にひれ伏し、伏し拝もう」（六節）とあります。

それでは、私たちが拝む神とはどのような方でしょうか。四、五節では、全宇宙を造られた創造者、創《つく》り主のことが賛美され、たたえられています。神がこの世界を創造された、だからこの神を礼拝するのだということです。順序からいえば、創造者である神を賛美し、そして一人一人の救いの主であるキリストを褒めたたえるということが、私たちが行っている礼拝であるということができるでしょう。

創造ということに関していえば、まず万物の創造があり、次に人間一人一人が創造されたという順序になるわけです。人間の創造の時に、「人間に地を治めよ。地を従わせよ」と言われたように、神は人間に人間以外のものを治めよという命令し、委託しています。この世界を人間が自由に支配し利用せよということではありません。キリスト教の世界においては、神がどのようにこの世界を支配しようとしているかを学ばなくてならない教育が必要なのです。私たちがまず礼拝するのは、神がこの世界を創造され人間に世界の管理を委託されたことを喜びをもって知ることです。

ドイツ語で礼拝をGottesdienstと言いますが、文字どおりの意味は「神への奉仕」になります。私たちの学校のルーツにいる宗教改革者ルターは、「神への奉仕」こそが教育の目的であると述べています。私たちの学校では、創造者である神を礼拝し、教育、学問の真理はこの神から教えられることを学ぶのです。

同時に礼拝ではキリストの救いを褒めたたえます。これはユダヤ教とは異なり、キリスト教の独自性がはっきりしているところです。つまり、イエス・キリストが世界の救い主であることです。その救い主は、もちろん私たち一人一人にとっても救い主であります。とりわけ宗教改革者は、キリストが私たちの救い主であることを、一人一人が直接、キリストを通して神と対峙《たいじ》する、つまり一人一人がキリストに対するということを強調しました。それは、聖書の中にも記されています。主イエスは最も小さい者の一人にしたことは、私にしたことと同じであるとして、最も小さい者の一人とキリストとを同じであると見るように教えています。それだけでなく、隣人を自分のように愛しなさいという隣人愛も教えています。さらに、私たちにとっては難しいことではありますが、敵を愛しなさいということさえも、主イエスは教えておられます。隣人愛や最も小さい者をキリストはご自分と同じようにに見られたという思想は、キリスト教の文化、文明にとってだけでなく、いわば世界にとっても非常に重要な問題であると思います。

プロテスタントの代表的哲学者の一人としてイマヌエル・カントの名前がよく挙げられます。そのカントの有名な言葉があります。「自分自身の人格をも他の人格をも、常に手段としてではなく目的として扱え」という言葉です。要するに、愛というのは相手の人格を、ネガティブにいえば手段としないこと、積極的にいえば目的とすることであるとカントは言っています。これは非常にわかりやすいように思います。私どもの通常の友人との交わり、例えばクラブ活動やクラスにおける活動の時に、無意識であっても自分以外の者、他者を手段、道具にしてしまいます。とりわけ、私たちが考える愛にはとくにその傾向が強いように思います。一見、相手のことを大切にし目的としているように見えながら、実際には手段にしていることが多いように思います。

有名な有島武郎の『惜しみなく愛は奪う』というエッセイがあります。最近それが復版されています。「惜しみなく愛は奪う」を逆にいえば、愛とは相手を手段としてではなく目的とすることだということです。有島武郎はそれこそが愛であることを厳しく、よく理解していたともいえるわけです。そこにキリスト教の一つの影響を見ることができると思います。

一人一人の人間の大切さ、これはまさに基本的人権の中に反映しているキリスト教の価値観です。今日の近代国家においては、基本的人権を守り、一人一人の人間をそしてその集団（社会）を豊かに、充実したものにするということが政治の目的でもあるでしょうし、またそのための政策を実現させる手段としても基本的人権を重んじなければいけないということが、普遍的な価値観だと思います。私はそこにキリスト教、聖書との関連があると思います。それゆえ、現代はまさに聖書の時代であるのです。このような現代の世界的・普遍的価値観を理解するためには、礼拝において、神を拝み、聖書を学ぶ必要があるともいえるのではないかと思います。

21 真理を学ぶ礼拝

――ヨハネによる福音書一四・六

大学とは何でしょうか、大学とはどういう所でしょうか。この問いに対して、最も一般的にいわれる答えの一つは大学は真理を探究する所というものです。ところで、真理という言葉にはいろいろな意味があります。自然科学と社会科学において、真理の意味するところは違います。工学部、経済学部、文学部で、またそれらの学部に属する学科の性格によっても、真理の意味するところが違うだろうと思います。民族、文化、政治体制によっても違うでしょう。

物理や化学では、真理を実験によって確かめます。芸術、絵画や彫刻では、その真理（美の優位性、卓越性）を実験によって確かめ、誰《だれ》もが納得する真理に到達するということはできません。今日優れた絵として評価されているものでも、画家の在世中に高い評価を得ていたとは限りません。芸術の評価の基準、真理性は、自然科学のように誰が見てもわかるような客観的な尺度というものを定めがたいからです。

政治や経済といった分野でも事柄は単純ではありません。数年前まで、世界的に知られ、世界の一部では権威を持っていたプラウダ、すなわち「真理」がありました。ソ連の共産党機関紙「プラウダ」は、日本語でいえば「真理」のことです。

今のドイツに統合される前の旧東ドイツでは大都市の目立つ場所に、「マルクス主義は全能（オールマイティ）である、なぜなら、それは真理であるから」という大きなプラカードが掲げられていました。しかし、その真理は崩れ落ち、過去のものとなりました。

さて、聖書の真理はどのようなものでしょうか。キリストは十字架に架けられる前にローマ帝国の総督ピラトの審問を受けました。その時、キリストが「真理に属する人は皆、わたしの声を聞く」（ヨハネ一八・三七）と言われたので、ピラトは「真理とは何か」と質問しました。この質問の意味は、権力者が囚人に向かって発した質問であるだけに、いろいろ想像をめぐらすことができます。

宗教にもいろいろな種類があります。不幸や病から解放されることを約束する御利益宗教、民族と深い関わりのある宗教など、さまざまな定義があります。その中で、キリスト教など普遍宗教と呼ばれるものは、何よりも普遍的な人間の生き方、考え方、価値に関わるものです。その点に限っていえば、キリスト教は、皆さんが、教室で学ぶ、諸学部学科の真理と競合し、矛盾するものでもありません。また無関係でもありません。なぜなら、普遍宗教が教え、説くところの生き方、価値は、何よりも教室での諸学問の真理を学ぶ人間の生き方、あるいは学問の真理を探究する人間のあり方に関わるからです。宗教の真理は、単なる真理の知識ではなく、生きることを問題とするからです。学問をする人間、真理を探究する人間の生き方、つまり倫理、道徳に関わる真理が宗教の真理の重要な側面です。それだけではなく、学問、科学、技術それ自身の意味をも問い、明らかにするのが宗教といえます。その意味では、学問や科学にとってなくてはならぬものといえます。

ピラトは、キリストに「真理に属するものは皆」と言われ、その言葉に圧倒され、思わず、それではおまえのいう「真理とは何か」と言ったのでしょう。

本日のテキストでキリストは、「わたしは道であり、真理であり、命である」と言っています。真理が同時に、道であり、命であるというのは、そのような科学のあり方、用い方、あるいは、学問をする者を含めて人間の生き方に関わった言葉ということができるように思います。

宗教の真理は、学問や科学の用い方、学問や科学を志す者の生き方に関係すると言いました。それは現代において、宗教として意味を持ち、力を持つとすれば、学問や科学に対して積極的な関係を持ちうるものでなければならないということでしょう。そうはいっても宗教は、科学や学問ではありません。それらを超えた、もっと深い、もっと広いものであるはずです。そのような宗教を皆さんと共に、この礼拝堂において学んでいきたいと思います。

22 教育の必要性

——エフェソの信徒への手紙六・一―四

パウロは親に対して、子供を「主がしつけ諭されるように、育てなさい」と命じています。この「育てなさい」という言葉は、教育（education）という意味のギリシャ語エクトレフォーが使われています。「しつけ」という言葉はパイデイアー、教養という意味です。「諭す」というのは訓戒するという意味です。ですから、ここにはすべて教育に関する言葉が使われているということになります。しかも育てなさい、教育しなさいという命令形が使われています。つまり、聖書においては、教育することを神の命令として考えているということになります。しかもこれは、新約聖書時代のことだけではなくて、旧約聖書以来の伝統です。その具体的な例はユダヤ民族を見ればわかります。ユダヤ民族がいかに民族として優秀で、いかに教育程度が高いか、それは普通一般の教育では育成できないような優れた研究者、科学者がユダヤ民族からいかに多く出ているかにあらわれています。そのような教育の重要さが新約聖書にも受け継がれていることを教えられます。

新約聖書のみならず、その後のキリスト教の歴史を見れば、教育が重視されてきたことがわかります。例えば大学という制度もまたキリスト教の所産です。とくにプロテスタントの大学として注目すべきなのは、ルターの宗教改革です。この宗教改革によって初めて、高等教育から一般の国民すべてに教育を施す義務教育までを含む教育の重要性が指摘されました。ここから、国民の教育を学校制度として確立していくことになります。ここにキリスト教の歴史のみならず、一般の教育の歴史における宗教改革の大きな貢献があります。

皆さんは大学で、教育史における宗教改革の意義を教わるでしょう。しかし、それはとりわけ教育の思想面で取り上げられていることが多いように思います。もちろん教育の思想も重要ですが、国民学校の創設が、実は宗教改革から教育制度として始まっているということをとくに強調したいと思います。

ところでこれまで述べましたように、キリスト教は、聖書から教育することを神の命令として受け取り、それに基づいて教育の制度を整えてきました。しかしそれだけではなく、この聖書の箇所の前提として、人間が教育されなければならないということがあるのです。この前提に基づいてはじめて「教育せよ」という命令が出てくると考えられます。これに関連する聖句で有名な言葉は、「主を畏《おそ》れることは知恵の初め」つまり神を知ることが知識の始めであるという箴言の言葉です（一・七）。この言葉も人間に教育が不可欠であることを示していると思います。

人間が教育されねばならないということについて、プロテスタントの歴史において記憶しておきたいことを、二つお話ししたいと思います。

一つは先ほども言いました宗教改革においてルターが、すべての人々が教育を受けられるような制度、あるいは学校を作りなさいということを言ったことです。その勧告書の中でルターはその二つの理由を挙げています。一つは人間が野獣にならないために教育されねばならないのだと言っております。ルターはかなり乱暴な言葉を使っておりますけれども、人間が獣にならないためだと言いました。そして市もう一つは、人間は教育を受けることによって生活が秩序だったものになると言いました。そして市民の幸福、国民の幸福は教育を受けた人が行政、政治を行うことによって初めて可能となるのだと言っております。これは当たり前のことかもしれません。しかしより重要なメッセージは、教育をするということは、神に向かって人間の心を整えることであり、その時、初めて人間形成ができるということです。

ルターの次に記憶されるべき言葉は、イマヌエル・カントの言葉です。カントは、ドイツだけではなくて、哲学史上でおそらく最も記憶されるべき人物の一人ということがいえるでしょう。このカントが、ご存知のように『教育学』で「人間は教育されねばならない唯一の被造物である」と言っております。しかし、日本語訳では、残念ながら教育されねばならないもの、である、と訳されています。

二〇〇四年二月十二日はカントの没後二〇〇年にあたっていました。その年の年頭、スイスを含めたドイツ語圏の新聞には、カントの二〇〇年祭についていろいろ書かれておりました。内外の思想家の見解を紹介する形で没後二〇〇年祭を記念していたのですが、私が目にしたもので、とくに興味深く読みましたのは、アメリカの女性の思想家と、ドイツ・マインツのカトリックの大司教の言葉です。

ここではアメリカの思想家の言葉を紹介します。カントが書いた書物の中に、『純粋理性批判』、あるいは倫理道徳に関わる『実践理性批判』、そして『判断力批判』という三つの有名な批判があるのですが、その三つの批判というのは、要するに「批判をする理性」を論じているのであり、しかもその理性自身が批判されるべき理性だと言っているのだと指摘していました。したがって、アメリカは、イラク戦争において自分たちの知識や誠意、実践している理性、それらのものが批判されるべき理性だと考える必要があるという主張でした。大学をはじめとして人間の営んでいる高等教育というのは優れた理性とその批判を育成する場です。批判的な学問を構築していくだけではなくて、それを行う人間自体とその理性がいつも批判されるべきであるということです。

いずれにしましても、今年も、教育を受ける立場の皆さんも教育を行う教師も、教育されねばならない存在であり続けます。それと同時に、教育をするということ自体がすべての教育機関にとって神の命令なのです。

23　宗教改革から生まれたキリスト教学校

——ガラテヤの信徒への手紙五・一三

十月三十一日は、プロテスタントのキリスト教学校のルーツを考える記念の日です。宗教改革は一五一七年の十月三十一日に始まったといわれています。国によっては法律に定めて祭日としているところもあります。宗教改革によっていろいろなことが大きく変わり新しいことが生まれました。宗教改革には不幸な面もありました。この時代は、古い社会体制が終わりに近づき、大きな社会変動がいずれは起こらざるをえない、改革を必要とした時代でした。もちろんその当時、自由に意見を述べることが認められるという近代の民主主義に基づく体制があったわけではありませんが、自ら信ずるところを公にして、それに共鳴する人が出てくることを古い体制が押しとどめることができない、という時代でした。しかし、まだ自由な言動が困難な時代でした。その時代に、信ずるところを公にし、それが領主や皇帝などに支持されたり、支持されなかったりと大きな力のうねりが生まれ、政治のみならず、社会のしくみや文化を変えてしまう事件になったのです。

宗教改革によってどのような変化が起きたかというと、とくに学校に関連していえば、初めてキリスト教学校が設立されました。それまでは、キリスト教学校というのがなかったのでしょうか。主として修道院で行われる学校、あるいは教区のドーム、特定の教会において、子弟を集めて教育するドーム学校、今日でいうカトリック学校が主でした。そういう時代に、キリスト教学校を設立し、維持し、子供たちをそこへやるようにという文書を、ルターは次々に書いていったのです。それらの文書の中では、子供を教育する権利は優先的に親にあるということも明らかにされました。今日ではカトリック教会でもいわれていますが、子供は両親から生まれてきますし、家庭において教育が始まりますから、自然法的に子供を教育する権利は優先的に親にあるとしています。これは非常に大事なことです。しかし、ルターは自然法的とは言わず、神が聖書において、まず親に教育するようにと命じている、神の命令として親は子供に対して、教育をする優先的な使命・義務と権利を持っていると言いました。そして、親が集まって子供をどのように教育したいかということになれば、当然私立学校ができてきます。当時、キリスト教がいわば国教でしたから、私立学校ではなくキリスト教学校を設立しなさいと、ルターは直接プロテスタントの諸侯、とりわけ市町村の当局者に向かって言ったのでした。それは今日においても大変重要な意味を持っています。その時にルターは、キリスト教学校とはどういう学校であるかということを記しています。ルターは、人間は教育されなければ、野獣に等しく、人は教育されてはじめて人間になると言っています。つまり、人間は教育されなければならない唯一の神によって造られたものだということです。

そのようにしてルターが要請して設立したキリスト教学校は、二つの目的を掲げています。一つは神の言葉によって、人間の心、魂を調えるということです。これは別の言葉で言えば、神に奉仕するということです。奉仕する（サーヴィス）という言葉は、日本語でははっきりしませんが、英語やドイツ語においては礼拝ということです。神を礼拝するということがキリスト教学校の第一の目的です。このように、キリスト教学校は何をなすべきかということの第一のことが礼拝です。二番目は、人々に奉仕するように人を育てるということになります。奉仕という意味は、ボランティアをするという意味だけではありません。ルターの言葉を使えば、「この世の状態をきちんと保ち、良きものにするためには、すぐれた学者、分別のある人、尊敬すべき、教養ある、立派な、よく教育された市民が必要である。そういう市民を持つために教育されなければならない」ということになります。教育によって、人間の持っている知恵を育成し、道徳、栄誉、芸術、医術、法律を発明し、正義と平和を実現する理性を啓発していかなくてはならないということです。これはまさに教育の大きな目的であり、現代にも通用することの一つでしょう。キリスト教学校においては、そのような教育を今日でも続けています。これは、カトリック学校においても同じことだと思います。このような目的で、宗教改革者のルターは、キリスト教学校を設立し、保持し、そしてそこに子供を送るようにと述べているのです。

私たちキリスト教学校が礼拝をしなければならないのは、キリスト教信仰の最も大きな中心であることを受け継いでいるからばかりではありません。宗教改革の時代に、神に奉仕すること（礼拝）がキリスト教学校の一つの目的とされたことに従っているからであるということも記憶したいと思います。

24 理性的な霊的礼拝

――ローマの信徒への手紙一二・一、二

学校でなぜ礼拝が行われるのか。皆さんの誰《だれ》もが考えるその理由の一つは、この学校がキリスト教の学校であるからというものでしょう。しかし、そういわれると、キリスト教の学校ではなぜ礼拝しなければならないのか、と問いたくなります。というのは、キリスト教の学校だから礼拝を行うというだけでは、十分な答えになっていないからです。なぜなら、礼拝を行うのは、普通は教会だからです。

キリスト教学校がなぜ礼拝を行うか、その理由は、キリストが存在するためです。キリスト教学校がキリスト教の学校であるためには、キリスト教の中心であるキリストが存在しなければならないのです。そして、キリストが存在するのは、礼拝においてであるからです。それゆえ、キリスト教学校は礼拝を行うのです。聖書に、「神は、宣教［説教］という愚かな手段によって信じる者を救おうと、お考えになった」（一コリント一・二一）と記されているとおりです。あるいは、「信仰は聞くことにより、しかも、キリストの言葉を聞くことによって始まる」とあります（ローマ一〇・一七）。このような聖句に基づいて、ルターは「説教もしくは福音（を語る）とは、それによってキリストがあなたのところに来るか、あなたがキリストのところに連れて行かれるかするものである」と言いました。またプロテスタント教会の多くは、「教会は信仰者の集まりで、そこでは神の言葉、福音が純粋に説教され聖礼典が正しく執行される」という信条を持っています。

キリスト教学校にキリスト教が存在し、またキリストが存在するために、キリスト教学校は礼拝しなければならないのです。しかし、この第一の理由はわかりにくいでしょう。

それに対してこの学校が礼拝を行う第二の理由は、直接、学校の本質に関係しています。皆さんが学校に入学されたのは、学校でまず教養を身につけ、学部学科で専門的な知識を学んで、卒業後は、何か特定の専門職につきたいという希望を持っておられるからでしょう。この学校で礼拝を行っている理由は、まさにその教養を身につけるためなのです。

「教養のための礼拝」という言い方には少し説明が必要かと思います。教養は発音こそ違いますが、英語、フランス語では同じカルチャー（culture）です。日本語では教養と訳されていますが、英独仏語の教養は人間形成と訳すこともできるのです。もう少しいえば、カルチャーは、人間形成は、人間を耕作し陶冶《とうや》するという意味合いであり、本来、宗教、礼拝と結びついたものなのです。すなわち、カルチャーの語源はクルトゥス（礼拝＝cultus）なのです。そのように文化・教養・学識を意味するカルチャーは礼拝することと切り離すことはできません。実際、学校が学校附属の礼拝堂を持ち、そこで学校の礼拝が行われているのは、欧米では珍しいことではありません。

それでは、学校ではどんな礼拝がなされるべきでしょうか。そのことを考える際に、手がかりとなるのが、ローマの信徒への手紙一二章一節です。「なすべき礼拝」という言葉です。これは原語ではロゴス（言葉、理性）の形容詞が用いられて、「ロギケー・ラトレイア」となっています。それゆえ、英訳もルターのドイツ語訳も理性的礼拝―― reasonable service ――となっています。ただフランスのカトリック・プロテスタント共同訳聖書では「霊的あるいは宗教的礼拝」となっています。

いずれにしてもキリスト教の礼拝では、「神の言葉が語られ、神への祈りがささげられます。すべて理性によって理解できる」ものです。したがって学校の礼拝もまた、理性に反したり、理性を否定するものであってはなりません。反理性的・非理性的礼拝は、カルト集団の礼拝やまじない、占いやご利益宗教の礼拝になるでしょう。しかし、宗教の礼拝でありますので、反理性的でも非理性的でもないけれども、フランス語訳の聖書のように、霊的あるいは宗教的（スピリチュアル）でなければならないでしょう。

それでは具体的にどのような礼拝が理性的で宗教的な礼拝なのでしょうか。それについてはパウロは、二節でまず否定的・消極的に、「この世に倣《なら》ってはなりません」と言い、次に積極的に、「心を新しくする」、「自分を新しくし、変えるような礼拝を」、と言っています。その次に、彼は「神の心、善、神に喜ばれること」、「完全なことなどを調査し、判断する礼拝」を、と言うのです。

善とか、神に喜ばれることとか、完全ということを判断するのは、理性的・合理的な礼拝といえる面があるように思われます。あるいはカントのように理性的ということが道徳的善い業という意味を持っているとすれば、「宗教は道徳によって支えられる」といってよいかもしれません。私たちは、むしろ道徳や倫理を支えない宗教は、オカルトやその類のもので、それは普遍的宗教ではないといってもよいでしょう。宗教改革者の一人カルヴァンは、哲学者は最高の善について論じるけれどもそれが何であるかについては語らない、と言っています。最高の善が何であるかについて、聖書は、それは神への信仰と隣人への愛だと言っているのです。その愛について学ぶことも、礼拝の一つの目的なのです。

25 礼拝の最終目的

――ローマの信徒への手紙一〇・四
（コリントの信徒への手紙一 一・三〇）

「終わり」という言葉は、新しい共同訳では「目標」と訳されております。元の言葉では、テロス（エンド）ですので、終わりと訳してもよいし、目的、目標と訳してもよいし、終局的・究極的目標・目的と訳してもよいでしょう。

まず、はじめに目標・目的でもある終わりということについて考えてみたいと思います。そのことについて思い起こすのは、T・S・エリオットの言葉です。それは、「われわれがそこから出発する終わりがある」というものです。これは、目的をはっきり定めて、そこから順繰りに現在へとたどってゆき、逆算して、今どうすべきかを考えるということを意味しております。そのような考え、心がけは、例えば、高い山に登る時の準備や、登る順序を逆算して登頂計画をするといったことによくあらわれております。また目的に合致しているということが、合理的という意味でもあります。

目的に合致しているという意味での合理性、あるいは合目的という合理性に注目した社会科学者にマックス・ヴェーバーがいます。ヴェーバーは経済活動でいえば、人類の歴史とともに古くからある、金をもうけるという経済活動ではなく、人々が合目的な経済活動に専心しているところに近代社会の特色がある、それはまたヨーロッパの特色でもある、と言ったのです。

ヴェーバーが言ったのは、経済活動だけではありません。キリスト教、とくに宗教改革のプロテスタントたちは、生きる態度（エートスとヴェーバーは言います）が、すべての活動において合目的であり、合理的であることを目指したと主張したのです。実は、先に紹介したT・S・エリオットの「われわれが出発する終わり、目的がある」という言葉もキリスト教のもたらした近代精神とその近代精神によって形成されたヨーロッパ文化とを一つにした言葉として、理解されているものなのです。

さて、私たち東北学院のキリスト教教育の最終的目的は何でしょうか。それは、コリントの信徒への第一の手紙一章三〇節によって簡潔に言いあらわされています。「キリストは、わたしたちにとって神の知恵となり、義と聖と贖《あがな》いとなられた」ことを学ぶということです。知恵というのは、私たちの学問、教育、研究を生かし用いる知恵、教育や研究の目標を指し示す知恵ということでしょう。

最後に出てきた「贖い」という言葉についてご一緒に考えてみたいと思います。贖いというのは、自由にする、解放する、救うという意味です。それでは、自由、解放、救いは、私たちとどんな関係があるのでしょうか。それは、私たち教職員、また学生の皆さんの日常生活そのものに関わっているといえます。なぜなら、私たちが目標を目指すとき、何よりも障害となる自己、自分自身から解放されねばならないからです。つまり、利己心から、不和から、敵意、争いから解放され、救われなければならないのです。そして、大きな目標である喜び、平和、善意へ向かって、押し出されねばなりません。それが、キリストによって与えられている私たちの日常生活の目標です。その限りにおいてキリストは世界の目標となりうるのではないでしょうか。キリストは、この学校の学問、研究、教育の目標であるとともに、そのように日常生活の目標であるゆえに、私たちは、キリストを目指して歩むのです。この礼拝堂において真の礼拝を捧げたいと思うものであります。

26　よい知らせを聞く

――ローマの信徒への手紙一・一六

ユダヤの一地方であるガリラヤに生まれたキリスト教が古代ギリシャ・ローマの世界に広がったのは、使徒パウロの働きによります。パウロの伝えたキリスト教は、それ以前のギリシャ・ローマの哲学・思想によっては与えられなかった教え、つまり「福音」でした。この福音はヨーロッパにそして全世界に伝えられました。そして、今から百年以上前に東北学院を設立したアメリカの宣教師たちがキリストを伝えるために日本にやってきました。その中でもウィリアム・エドウィン・ホーイ、デイヴィド・ボウマン・シュネーダー両宣教師*が伝えたキリストの福音が、本学院のキリスト教の基礎となっています。パウロはそれをとくに「福音」と言っています。パウロが「福音」つまり「うれしい知らせ」と呼んでいるものについて、「ローマの信徒への手紙」から学んでいきたいと思います。

パウロによれば、福音は、神の福音であり、神のみ子イエス・キリストに関するものということです。この言い方は、四つの福音書の中で、最古のものといわれるマルコによる福音書の言い方とまったく同じといってよいものです。マルコによる福音書は冒頭で、「神の子イエス・キリストの福音」

と記しています。

それでは、福音・よい知らせとは何でしょうか。パウロは、一章一四節以下で、福音・よい知らせについて語っています。

第一に、福音・よい知らせは、ギリシャ人、この場合知恵のある人、教養人だけのものではない。そうではなく、未開の人（バルバロイ）、すなわち、知恵のない人、教養のない人にも、区別なく、関わり、当てはまるし、妥当するというのです。もし福音が、ユダヤ教徒にしか妥当しない、ギリシャ人にしか妥当しない、というのであれば、それは限定されたよい知らせでしかありません。主イエスの時代の、ユダヤ教の一つの教派、クムラン教団によれば彼らのユダヤ教のよい知らせはその教団の所属メンバーにしか妥当しませんでした。

しかし、パウロが告げ知らせようとする福音は、すべての者に妥当するものでした。「すべての者にとってのよい知らせ」という言葉によって、私たちは、二つのことを思い出します。一つは、クリスマスの物語です。そこには、「民全体に与えられる大きな喜びを告げる」とあります。いま一つは、神の似すがたとして創造されたすべての人間、あらゆる国民です。創世記の人間の創造の物語において、取り上げられているすべての人間です。そこに語られている一人一人の人間が同じように神の似すがたとしての価値を与えられているということがすでによい知らせにほかなりません。それこそ神のよい知らせ、福音です。なぜなら、人間としての価値は平等という考えは、現実の世界でどんなにそれが歪《ゆが》められ、砕かれようとも、逆らうことのできない価値、尺度、基準になっているからです。少なくとも日本を含めて、先進自由主義国では公にも、基本的人権の保護が、法制度として整備されています。

ところで、パウロが告げ知らせる、すべての人に妥当するよい知らせは、同じようにすべての人に関わるものでもあります。それはイエス・キリストの救いというよい知らせでした。パウロは、そのよい知らせをローマの信徒への手紙八章三九節では「キリスト・イエスによって示された神の愛」とも呼んでいます。すなわち、パウロが告げ知らせなければならない責任があると言っているよい知らせは、神の愛であり、キリストの救いでありました。

しかし、私たちにとっては、パウロが書き記している事柄は、言葉の上ではともかく、残念ながら、実感として、実際の経験をしなくてはよくわからないものです。そのような思いは、私たちによくわからないだけではありません。二十世紀を代表するキリスト教神学者の一人カール・バルトは「人間は、神よと呼びかけても、それによって何が意味されているか知らない」と言っています。ところが、そのような私たちに対して、パウロは根本的に重要なことを述べているのです。それは「信じたことのない方を、どうして呼び求められよう。聞いたことのない方を、どうして信じられよう」、そして、「実に、信仰は聞くことにより、しかも、キリストの言葉を聞くことによって始まるのです」というものです。信じる、ということは信じたいから信じるものではないのです。彼は「信仰は聞くことによる」と言ったのです。それはまた宗教改革者の一人ルターにあっては最も重要なことの一つでした。それゆえ、私たちの学校では毎日、それも最良の時間帯に学校礼拝を守って、聖書に聴く時としているのです。

*アメリカのドイツ改革派教会の宣教師。ホーイは一八八六年、押川方義と仙台神学校（のちの東北学院）を創設。シュネーダーは一九〇〇－一九三六年、東北学院の学院長を務めた。

27　イエスの招き

――マタイによる福音書一一・二八―三〇

私たちにいま語りかけてくださり、私たちをみもとへと招いてくださる主イエスの言葉に耳を傾けたいと思います。

なぜ、私たちはキリストの語りかけに耳を傾けることができるのでしょうか。それは、まず、聖書に証しされている神は、「言葉」で世界を創造されたことにあります。「神は言われた」という創世記の冒頭に繰り返されている言葉に示されています。またヨハネ福音書が記しているように、キリストは神の言葉であるからです。キリストは神の言葉であるというヨハネ福音書の言葉は（ヨハネ一・一以下）、少し理解しにくいかもしれません。そのことを理解するため、私たちがよく知っていることを取り上げてみたいと思います。

新約聖書のことを英語では、the New Testament といいます。聖書はキリストのテスタメント、約束、遺言なのです。キリストの約束の言葉を私たちは、聖書によって思い起こすことができるのです。そして、神の言葉であるキリストの約束の言葉を思い起こすことによって、キリストと出会うことができるのです。キリストを心に受け入れたいと思います。

ところで、人間は、その人全体から発せられる言葉によって、動かされます。キリストの約束の言葉も、その言葉が語られてから二千年の間、人間を動かし歴史を形づくってきました。そして、今日も私たちを動かしてくださることを願いつつ、きょうも礼拝を守るのです。

さて、冒頭の箇所のキリストの言葉の中心にあるメッセージに耳を傾けましょう。「疲れた者は、わたしのもとに来なさい。休ませてあげよう」。慰めに満ちた言葉です。しかし、その次は、「わたしの軛《くびき》を負い、わたしに学びなさい、そうすれば、あなたがたは安らぎを得られる」です。「わたしのもとに来なさい」に対し、もう一つキリストがしなさいと言っている言葉があります。それは、「わたしの軛を負い、わたしに学びなさい」です。そしてその後に、先ほどの「安らぎが得られる」「休みを与えます」と続いています。つまり、軛を負い、キリストに学ぶことによつて得られる安らぎなのです。この「安らぎを得られる」というのは、「休ませてあげよう」とまったく同じ言葉ですが、日本語の聖書は言葉を違えて翻訳しています。「安らぎを得られる」となっていますが、「休みをあげよう」でもよいのです。キリストは二八節から三〇節という短いところで、二度、「休ませてあげよう」、あるいは、「安らぎ・安息をあげよう」と言っておられるのです。日本語としては、休み、安息、安らぎなどの意味で理解するほうがよいと思われます。というのは、聖書が使っている休み、安らぎは、英語でいえば、throughout rest 徹底した安らぎとも訳しうるものであるからです。

いずれにしても、この休み、安らぎは、キリストが与えてくださる深い休み、安らぎなのです。

さらに、キリストが語りかけている人たちの呼び方に注目してみたいと思います。「疲れた者、重荷を負う者は、だれでもわたしのもとに来なさい」とあります。疲れた者、重荷を負う者とは、誰《だれ》のことでしょうか。子供から大人に至るまで、疲れを感じない人、重荷を負っていない人はいないでしょう。富める者、貧しい者、若い者、年をとった者を問わず、生きること自体、重荷を負うことはまぬがれません。とりわけ、何か目標に向かって努力する、良く生きようとする、健康であろうとする、あるいは、個性的に生きようとする、そう努力すればするほど、いつでも生きることそれ自体に、疲れや重荷を感じるでしょう。いずれにしても、キリストの「だれでもわたしのもとに来なさい」というこの言葉には、何の制限もないということです。「だれでもわたしのもとに来なさい」という言葉はとくに私たちにとっては慰めです。疲れや重荷には、自業自得といってよいものもあります。そのような自ら招く重荷を負って疲れを覚える者も、そこに数えられているからです。実際、キリストは罪人や徴税人といわれた人々に声をかけ、彼らを招き、休み、安らぎを与えたのです。

次に、もう少しキリストご自身のことについて語っておられる言葉に注目したいと思います。それは、「わたしは柔和で謙遜《けんそん》な者だから、わたしの軛を負い、わたしに学びなさい」と言っておられることです。私は柔和で、つまり心優しく謙遜であるとキリストは言っておられます。確かに、心優しく、謙遜でない人のところには、招かれても誰も行かないでしょう。また安らぎも休息もないでしょう。それでは、具体的にキリストは、どんなに心優しく、謙遜であったかです。キリストの優しさ、謙遜は、普通の人間ではできないほどの優しさであり、謙遜でした。キリストの「心優しさ」が最高の姿で示された例は、キリストご自身が、十字架につけられた時に、キリストを十字架につけた人たちのために祈られた祈りです。「父よ、彼らをお赦《ゆる》しください。彼らは何をしているのか知らないのです」と。これ以上の優しさはないでしょう。これは優しさというよりも、もっと激しい十字架の愛――十字架という重荷を負った愛――ということができます。敵を愛するこれだけの優しさ、敵を愛するだけの重荷や軛を負った愛がキリストのところにあるのです。ですから、「キリストのもとに行くと安らぎ」が得られるのです。

ところで、キリストは、「わたしの軛を負い、わたしに学びなさい」と言われましたが、続いて、「わたしの軛は負いやすく、わたしの荷は軽いからである」と付け加えておられます。これはどういうことなのでしょうか。キリストは「休ませてあげよう」「安らぎを得られる」と言われただけでなく、軛を負い、荷を負うことを認めて勧めているのです。したがって、疲れがなくなるとキリストはおっしゃっておられません。ここにまたキリストの教えの大切な点、特徴があります。

キリストは、わたしの軛、わたしの荷は軽いと言われます。ここでキリストが言う、この軛や荷というのは、何でしょうか。それは、キリストの教えを学ぶことによって明らかになる軛であり、重荷です。有名な例は、「自分にして欲しくないことはしないで、自分にして欲しいことを人にしなさい」とキリストが教えておられることです。他の人を自分の手段や道具にしないで、隣人を愛するということでしょう。毎日他の人と接するたびに、このような軛や重荷を負います。知ると知らないとにかかわらずです。そこに人間として疲れを覚え、罪を知らされます。そのような荷、軛をキリストのあの十字架の優しさ、愛が担ってくださるということです。

神の子が十字架にかかり、私たちのような罪ある者の荷、軛、そして罪を担ってくださったのです。それほどの謙遜がどこにあるでしょうか。私たちに安らぎが与えられるというキリストの約束は、キリストの十字架の愛にほかなりません。きょうもそのようなキリストが私たちを招いてくださっていることに感謝し、またそのことをしっかりと覚えたいと思います。

28　個人の賜物《たまもの》

――マタイによる福音書二五・一四―三〇

この譬《たと》え話は、「天国」を譬えたものであると記されています。主人が、僕《しもべ》たちにそれぞれ五、二、一のタラントンの財産を預けて旅に出かけた。主人が帰ってくると、それぞれ預かった金を二倍に増やしていたが一タラントン預った者は、金を穴を掘って隠しておいた。この僕は、主人に「役に立たない僕」と叱責され、追放され、金を増やした僕は「忠実」な僕として褒められたという話です。この譬え話は、あらためて説明するまでもないほど内容がはっきりしているように思います。ただ私たちにとって興味があるのはタラントンという言葉です。忠実なよい僕に預けた五タラントンという金額は莫大なお金です。そして二タラントン、一タラントンでも莫大な金額（数千万円）を意味しています。そして、最も多く預かった人が最も多く儲《もう》けた。それが最も多く褒められている。このような話を何のために主イエスがなさったかということです。この譬え話ではタラントンと忠実ということがキーワードとなっています。

もう一つこの話を聞く前提となるのは、これはキリスト者にだけ語られた話ではないということです。新約聖書の中でも福音書を読むときに大事なことの一つは、主イエスの囲りには罪人や徴税人といった当時の社会でのけ者にされていたような人が多く登場するということです。そして、主イエスはこの話をキリスト者ではない人、大勢の群衆、大勢の普通の人々に向けて語られたということです。これが福音書を読むにあたって非常に大事なところだと思います。当時、神を礼拝する宗教的指導者は多くいました。しかし、多くの普通の人々は、神から遠く離れた者と見なされていたのです。しかし聖書そのものは、少数の弟子たち、しかも罪人や徴税人と呼ばれる社会でのけ者にされた人々を含めた大勢の人々が、主イエスから神の言葉を聞こうとして集まってきたと記しています。このような「神なき民」といわれていた人々に向けて主イエスがお話をされたのです。

そのような状況で、主イエスはタラントンというびっくりするような大金を例に出されました。しかも金を儲けるということに忠実にと具体的な話をされました。この物語で、主イエスは何を伝えようとしておられるのでしょうか。

タラントンというのは、テレビに出てくるタレントの元の言葉です。元は莫大な金、莫大な量の重さのことです。ここではその重さを持ったお金のことであります。それも莫大なお金です。一タラントンでも莫大な金額です。だから五タラントンならなおさら莫大な金額となります。タラントンとは、本来はお金の重さだけではなくて私たち一人一人に与えられている賜物のことなのです。つまり能力、才能、資質です。一人一人の能力と考えますと私たちから見ると明らかに区別がある、差別があると思う人もいると思います。自分には記憶の能力があまりない。自分には算数の能力があまりないと考える人もいるかもしれません。しかし、一人一人が持っている資質や才能、それは神の目、主イエスの目から見れば、一タラントン、五タラントンと区別はあるけれども、同じく莫大な価値のあるものなのです。これがこの譬え話を理解する最大のヒントです。私たちは、他の人と違って能力がない、自分にはこれだけの才能しかないと嫌と言うほど思っているかもしれません。けれども、それは気付いていないだけ、あるいは自分でそう判断しているだけなのです。あるいは学校のテストでそういう判断が下されているだけで、テストの点数には表れていなくても、ものすごい価値をそれぞれが持っています。

それではどのような価値かというと、聖書にこのような話があります。ガラテヤの信徒への手紙で、パウロは「霊の結ぶ実」という言葉を使っています。実というのは果実のことですが、これはまさにタレントのことです。果実は、愛、喜び、平和、寛容、親切、善意、誠実、柔和です（ガラテヤ五・二二、二三）。ここに挙げられている果実もまた私たちに非常に重要な賜物です。おそらくどのような私たちの能力、才能も、こういった愛、喜び、平和、寛容、真実、善意、誠実、柔和という賜物が一緒になって働かない限り、弊害を及ぼすことがあるからです。

この譬え話が語ることとは、現代に当てはめれば、大企業の社長からホームレスの人まで、一人一人に同じように重要な賜物が与えられているということです。そしてここに「忠実」という言葉が書かれています。一人一人の人間は金貨やあるいはお金で計るならば、五タラントン、二タラントン、一タラントン、というほどの違いを持っている。しかしその違いはあってもそれぞれが人間としての価値においては莫大な価値を持っているということです。私たち一人一人が持っている才能、そして愛、誠実、寛容を神から預けられたタラントンとしていかに充実発展させるか、いかに他者にそれを与えるかという課題です。また、ほかの誰《だれ》もが持っていない自分固有の才能をいかにして発見するかということです。神がこのことを私たち一人一人に望んでいるというのが、この譬え話の中心です。大事な事柄は、賜物を自分自身で判断できないということです。したがってその賜物というのは、その言葉が表しているように、神から授かるのです。授かっているのですから、決してそれは差別の理由になるものではありません。卑下の対象になるものではありません。

　学校は、制約されたり咎《とが》められたりすることなしに、自由に、一人一人の持つ莫大な価値のある個性という賜物を発見し、最大限に伸ばすことができる場所です。私たちもそれぞれ与えられている賜物をできるだけ豊かに発揮していきたいと思っています。そのためにこの礼拝もまた、重要な役割を果たしていると私は思います。

29 良心

——ローマの信徒への手紙二・一五

十月はこの学校のルーツについて考える月といってもよろしいかと思います。

世界史の教科書に出てくる宗教改革のさまざまな事件の中でとくに注目されるのは、十月三十一日の九五箇条の提題です。宗教改革の開始数年後一五二一年四月十七・十八日にヴォルムスの帝国議会が開かれ、そこにルターは呼び出され、当時の神聖ローマ帝国の皇帝、そして皇帝に従う神聖ローマ帝国の諸侯、貴族、そういった人々の前でルターは弁明します。弁明をする前に、議会はルターに「おまえには四一の誤りがある。ローマ・カトリック教会の教えに反する教えが四一ある」として、それを読み上げました。ルターはそれらを撤回するかどうかという審問を受け、その場で撤回を迫られたのです。それが有名なヴォルムスの帝国議会における事件です。その時にルターは「その四一の誤りを取り下げるわけにはいかない」と言いました。その理由として、ローマの信徒への手紙にある「良心」(「律法の要求する事柄がその心に記されている……彼らの良心もこれを証ししている」)という言葉を使っているのです。正確にどのように言ったかといいますと、

「もし私が聖書の証明によって、あるいは明白な理性的な理由にとって論破されるのでなければ、取り消すことはできません。というのは、私は教皇も教会法規も信じません。それらは明らかにしばしば間違いを犯し、聖書と矛盾したことを行ったからです。私は私の引用した聖書の箇所によって征服されたのです。良心が神の言葉（聖書）によって束縛されている限り、私は取り消すことはできません。またそうしようと思いません。なぜなら自分の良心に反して、行動することは安全ではありませんし、正しくないからです。私はこれ以外なし得ない。神よ、私を助けたまえ」

と答えたのです。

大変有名な言葉です。良心は宗教改革に起源を持つ近代の文化を作った一つの大きな要素です。「良心」は、この学校のルーツであるプロテスタントの発端にある既述のような事件の中で使われた大変重要な言葉です。

マックス・ヴェーバーという社会科学者は、ルターがヴォルムスの帝国議会で使った時の良心の決断について興味深い説明をしています*。「人が心情倫理［つまり良心に従った倫理］の基準の下で行為する――宗教的に言えば『神の前で正しいと思ったことをおこない、結果を神に委ねる』――か、それとも、人は（予見しうる）結果の責任を負うべきだとする責任倫理の基準に従って行為するかは、底知れぬほど深い対立である」と言っています。「良心」に基づいて行動するが、結果は神におまかせするというのです。良心とは、皆さんにとっても、決してどうでもいいことではないでしょう。ルターが言っているように、「自分の良心に反して、逆らって行動することは安全ではないし、正しくない」からです。そのとおりではないでしょうか。先ほどの聖書の箇所においても、「彼らの良心もそのことを証ししています」とあります。すなわち、聖書の教えで記されている良いこと、悪いことは、良心でも納得することだというのです。

良心に反して何かをすることは正しくないということですが、しかし、どうでしょう。私たちの中で良心ということがいつも活き活きとしているとはいえないでしょう。しばしば、活き活きとしていないどころか、良心に反して、ないしは良心の咎《とが》めなしに、あるいは良心に気付かないでいろいろなことをします。そしてその後、良心のうずき、咎めを感じて自分を反省するということが多いように思います。それゆえ、良心はしばしばうずく良心、咎める良心といわれるのです。その良心が喜ばしい良心、あるいは安全で平和な良心に変わるにはどうしたらよいか、実はここに宗教改革の宗教的な転換があったのです。それに基づいて、有名なベルリン大学の総長K・ホルは、ルターの宗教改革を良心宗教、あるいはルターによって始められたプロテスタンティズム全体を良心宗教と呼んだのです。

ルターは聖書に学ぶことにより、咎める良心、うずく良心、反省を呼び起こす良心は、喜ばしい良心に変わることを見いだしました。キリストに出会ったからです。ルターはキリストによって「それでよろしい、おまえのそのうずく良心を赦《ゆる》してあげよう。二度とそういうことをしないように安心して生きなさい」と語りかけられる声を聞いたのです。私たちはその声をこの礼拝で聞きたいと思います。常に礼拝において良心を呼び起こされ、良い、喜ばしい良心を聖書からいただく、それがこの学校における礼拝であります。

＊マックス・ヴェーバー『職業としての政治』脇圭平訳、岩波文庫、一九八九年、八九頁参照。

30　私たちの基準と神の基準

――ローマの信徒への手紙三・二一

ローマの信徒への手紙に主題をつけるとすれば神の義、もしくは神の正義について論じられた手紙であるといわれることがあります。神の義というのは、私たちには、聞きなれない言葉です。この手紙の著者パウロは神の義（正義）は律法と預言者によって証明されると言っています。その律法と預言者によって証明されるということに、神の正義を理解する手がかりがあるように思います。律法と預言者というのは、旧約聖書ということです。そうしますとローマの信徒への手紙の主題である神の義とは何かを理解するためには、旧約聖書を読まねばならないということになります。それでは、ますます神の義、正義は、私たちに縁遠い、近寄りがたいとお思いになるかもしれません。しかし、実は律法というのは、ローマの信徒への手紙二章一四―一六節で学びましたように、私たちの「心に記されている」ものでもあるのです。それでは、私たち一人一人の心に、神の正義を証明するどんな律法が記されているのでしょうか。パウロは、それを一章から三章にかけて記しています。私たちの心に記されている律法とは、あらゆる不義、悪、ねたみ、殺意、不和、欺き、陰口、そしり、高慢、不誠実、無慈悲を理解し、それらを悪いと判断し、咎《とが》める心といってよいでしょう（ローマ一・二九以下および二・一〇以下）。それらを反対の側からいえば、愛、平和、寛容、親切、善意、誠実、柔和、謙遜（ガラテヤ五・二二ほか）ということになります。

ところで、そのように心に記された律法とは、人間の理性が正しいとか悪いとか判断することですが、信仰によって、その律法が意味のないものになるかといえば、パウロは信仰によって「律法が確立する」（ローマ三・三一）と言っています。実際、平和、寛容、誠実などの義を確立しない神の義はおかしな正義といわねばなりません。そのような宗教は、宗教と呼ぶべきものではないでしょう。

しかし、別の角度から考えてみますと、そうした義や不義、善や悪の基準を私たちの生き方を判断する基準としたらどうなるでしょうか。つまり、ねたみ、殺意、高慢、あるいは平和、誠実、謙遜を倫理の基準として照らして、私たちの生き方がその基準に合致しているかどうか判断するとすればどうでしょうか。学業や研究の業績のように評価して点数を付けて人間を評価するとどうなるでしょうか。多分誰《だれ》もその評価が神の求める完全さ、十全さに合致する人はいないのではないでしょうか。それはパウロが三章九節以下で言っていることに通じているように思います。「正しい者はいない。一人もいない。悟る者もなく、神を探し求める者もいない。皆迷い、だれもかれも役に立たない者となった。善を行う者はいない。ただの一人もいない。彼らののどは開いた墓のようであり、彼らは舌で人を欺き、その唇には蝮《まむし》の毒がある。口は、呪いと苦味で満ち、足は血を流すのに速く、その道には破壊と悲惨がある。彼らは平和の道を知らない。彼らの目には神への畏《おそ》れがない」（三・一〇―一八）。

ここで、パウロは大変注目すべきことを言っています。それが本日のテキストの冒頭の言葉です。二一節「ところが今や、律法とは関係なく……神の義が示されました」、二八節には「人が義とされるのは律法の行いによるのではなく」と書かれています。神の義が示されるのは律法による行いによるのではないこと、またその義は何の差別もなくすべての人々に与えられる義だというのです。

先日、青山学院大学の設置五〇周年記念式典に出席しました。その時、カトリックの井上洋治神父によって記念講演がなされました。井上洋治神父はカトリック作家遠藤周作の『沈黙』や『イエスの生涯』という作品に発表された「父性的愛、母性的愛」について話をしました。父性的愛というのは、例えば成績がよいとか、基準を満たした時、あるいは親の希望、期待に添った時に示されるものです。よくやったと褒める愛であり、あるいはその業績によって愛するというものです。そのような出来高評価は、基準が高ければ、いつも駄目な人間ということになります。それに対して母性的愛というのは、その人があるがままを受け入れるというものです。神の愛といえるでしょう。

ルターは、正義には積極的義と受動的義という二つの義があると言っています。義の条件、義とされる項目を満たせば義とされる、義を行う者が義とされるそれが積極的義です。それに対して義の条件、項目を満たすことのできない者、不義の者を義とする、正しくない者を受け入れて正しい者に創りかえる義を受動的義と言いました。
神の恵みにより義とされるという神の義は、後者のような義のことなのです。

31　人間の愛が支えられる

――ローマの信徒への手紙三・二三―二五（ヨハネの手紙一　四・一〇）

ルターは神の義について「受動的な義」と言いました。この思想が聖書の中で示されているのが、ヨハネの手紙一の四章一〇節の「わたしたちが神を愛したのではなく、神がわたしたちを愛して、わたしたちの罪を償ういけにえとして、御子をお遣わしになりました」という言葉です。ヨハネの手紙によれば、神の義とは神のアガペーとしてキリストにおいて実現されたということになります。聖書全体から見ると神の義とは神がキリストに示された義、神の愛とはキリストに示された愛ということになります。すべてキリストを通して示されたもののことです。それゆえ神の義と愛は同じ事を別の角度から説いた言葉であるということになります。そして、神の義にしても愛にしても、キリストが十字架につけられた出来事の意味を語っているのです。

そこで、私たちは、キリストの十字架においては神の義と愛が同じものであると考えることができるでしょう（賛美歌二六二参照）。神の義といっても私たちには理解しがたいことに思われます。しかし、神の義は十字架において示された神の愛に具現化されたと聖書は記します。ですからここでは、神の愛を知ることによって、神の義を理解するという道をたどってみたいと思います。といいましても、神の愛を知ることも簡単ではありません。まず人間の愛を知ることから始めなければならないでしょう。そのように、神の愛を人間の愛との比較によって理解しようとした人物の一人として知られているのが、宗教改革者の一人マルティン・ルターといってもよいでしょう。そのことをルターが語った場所が、現在のハイデルベルク大学です。それでこの議論はその場所にちなんで「ハイデルベルク討論」と呼ばれています。ハイデルベルク大学のメインビルディングの前の広場には、「ハイデルベルク討論」(一五一八年)の記念プレートが埋め込まれています。

この討論で、ルターはどのように、人間の愛と神の愛とを比較したのでしょうか。ルターは、人間の愛は罪人や悪人をきらう、と言います。そして、悪人、愚か者、弱い者ではなく、義人、善人、賢い者、強い者、美しいものを愛すると言いました。このルターの言葉は、アリストテレスのフィリアという愛についての考えを思い出させます。アリストテレスは「義《ただ》しい人の間でかれらが義しい人である限り持続するフィリアという愛」があると言いました。これは人間一般の感情に基づいた愛にほかなりません。しかし、ルターがいう「悪人、弱い者でなく、賢い者、強い者、美しいものを愛する」というのは、もう一つの、エロースというプラトン的な愛を思い出させます。プラトンは彼の有名な『饗宴』という著書で、貧しいもの、無きに等しいものでなく、美しいものに憧れ、善を愛し、美しい義務、美しい諸学問へと階段を登っていくのがエロースの愛だと言っています。

要するに、プラトンによれば、学問を含めて、知識、芸術、スポーツにしても、自分自身の充足、実現を求める意欲、それがエロースなのです。プラトンは善を恋するとさえ言いました。

それでは善を追求し、学問を愛するエロースの愛とキリストの犠牲に示されたアガペーの愛とはどのような関係があるのでしょうか。キリストに示されたアガペーの愛は、「義人を招くためでなく、罪人を招くために来た」という主イエスの言葉に示されています。この主イエスの招きの言葉は、十字架におけるアガペーとしての愛は「罪人、悪人、愚か者、弱い者を愛し、そのような人たちを善人、義人、賢い者、強い者にする」ものであることを告げたものです。ここで主イエスが言っている罪人、悪人うんぬんとは、知識や技術を持っていながら、罪人であり、悪人であり、賢くもない人なのです。

そのことはパウロの次の言葉で理解されます。「あらゆる知識に通じていようとも……愛がなければ、無に等しい。……愛は忍耐強い。愛は情け深い。ねたまない。……自分の利益を求めず、……不義を喜ばず、真実を喜ぶ。……」（一コリント一三）。アガペーがこのようにパウロの言ったようなものであるとすれば、アガペーの愛はエロースの愛を補い、救うものではないでしょうか。神の愛（アガペー）は、エロース（人間の愛）を生かし、支えるものではないでしょうか。そのように学問の道がアガペーによって用いられ、生かされることを願う場所が礼拝なのです。

32 最高の道

――コリントの信徒への手紙一　一三・一以下

秋の叙勲がありました。叙勲の対象が依然として官中心で民に薄いと、いくつかの新聞が評していました。確かにそういうこともいえるでしょう。しかし、叙勲の基準を考えると面白く思います。何を基準に位（くらい）を決め、国家として表彰しているか、その基準は、何かということです。基準の一つは、国あるいは地方の公共機関、県庁、市役所、中央官庁とその地方の出先機関、あるいは国立公立の教育機関や研究所に長年勤め、現在高い地位にいる人々です。それもどういう地位、立場で何年勤めたかということも重要のようです。第二の基準は、学問上、芸術上の業績、功績です。第三の基準は、社会貢献や社会奉仕というべきものです。最後の基準に該当する人々について具体的にいいますと、医師、看護師、民生児童委員、人権擁護委員、保護司などの方々が褒章の対象となっています。それゆえ、今回の叙勲と褒章を見ますと、（1）政治的・社会的貢献（2）学術的貢献（3）芸術的貢献（4）職業上の貢献（5）社会奉仕などに分類できるように思います。

こうしたいろいろな基準が考えられますが、そこにはいくつか共通したものがあるように思います。

第一の共通点は、叙勲・褒章された人々は、それぞれに賜物《たまもの》が与えられていてその賜物を生かしたということです。与えられている賜物にどれほどご自分で気付いたかどうか、それはともかく、それぞれの賜物が生かされたということです。私たちにはそれぞれに異なる賜物が与えられています。それが生かされるためには、選択の自由と選択の機会の平等という社会の組織仕組みが必要です。好運ということも考えられます。とりわけ、私たちは、それぞれに与えられた賜物によって、課題、使命が与えられているゆえに、その課題・使命に取り組むこと、きちんと課題に対応する努力も必要でしょう。

しかし、私が注目したいのは、叙勲・褒章の基準の共通性の第二の点です。それは聖書が「最高の道」と呼んでいる愛に生きる道です（一コリント一二・三一）。叙勲された方も褒章された方も、直接であれ、間接であれ、いろいろなレベル、規模で、人々のため、国家や社会のため、個人のために尽くされた人々です。それは奉仕とか愛といってよいものです。もっとも国や地方の政治における奉仕とか愛というのは、正義・公平・公共の利益、平和の実現といったものに置き換えるべきかもしれません。そして受賞者が仕事で関係する人々の数が少なくなるにつれて、すなわち関わる人々が小社会を構成することになるにつれて、正義や公平よりも奉仕とか愛という言葉で表現されるでしょう。

いずれにしても、そのような政治的、社会的な平和、公正、公共の利益に尽くされた人々、より個人的なレベルで、他の人のために、助けを必要としている人々のために尽くされた人々が秋の叙勲でも表彰されているということができるように思います。ただそれにしても、先進自由主義諸国で、日本のように位階勲等という形で叙勲を行っている国がまだ存在するでしょうか。そういう形のものは近い将来、なくなるものではないでしょうか。

そのことを考えるにつけ、聖書が「最高の道」と呼んでいるものの重要性がいっそう浮かび上がってきます。

その観点から興味を覚えたのは、ある保護司が褒章を受けたという記事でした。三十年、少年少女の更正に尽くしてきたその保護司は、「立ち直りを少し手伝っただけ。［褒章を受けることは］恥ずかしい」と語っています。これだけの記事ではよくわからないのですが、保護司というのは国や県から委嘱されて、一人一人に対して、それも反社会的行為をしたと評価された少年少女に対するケアの仕事でしょう。その仕事は、聖書的にいえば一人一人の人間の尊厳に関わるものです。一人一人の少年少女のための仕事は、コリントの信徒への手紙一の一三章四―七節「愛は忍耐強い……すべてに耐える」という愛の問題に関わったものでしょう。それも厳しく関わったに違いありません。褒章を受けて「恥ずかしい」という言葉には、その体験が反映されているようにも思います。

教育機関の一つとしての学校教育の現場は、厳しいものです。というのは、日常、生徒・学生に接するその局面では決して反社会的でないどころか、穏やかでしばしばすぐれた諸君です。また教師としての同僚としての人々です。しかし、日常の教育の現場や生徒・学生に対する教育的ケアのあり方に関して、一三章四―七節の「愛は忍耐強い……すべてを望み、すべてに耐える」必要性は私たちにも理解できるものではないでしょうか。

これらの聖書の言葉は、厳しいというよりも慰めと励ましの言葉として受け取ることができるように思われます。なぜなら、パウロはこれを主イエスの言葉として取り次いでいるからです。少し飛躍するかもしれませんが、マザー・テレサは彼女が救いの手を差し伸べた貧しい人々にキリストへの帰依を求めなかったといわれています。そのような厳しさはマザー・テレサにしかできなかったことかもしれません。しかし、マザー・テレサは日々仕事に出ていく前に礼拝を捧げました。

マザー・テレサと比較することはできないにしても、私たちにも礼拝が与えられていることを感謝したいと思います。なぜなら、教育の現場、日々の生活の中で、隣人への愛に生きているかという聖書の語りかけに直面させられているからです。

33 知識は人を誇らせ、愛は人の徳を建てる

――コリントの信徒への手紙一　八・一、一一

東北学院大学土樋キャンパス、九十周年記念館の入り口に、コリントの信徒への手紙一の八章一節の「知識は人を誇らせ、愛は人の徳を建てる」（口語訳。新共同訳では「知識は人を高ぶらせるが、愛は造りあげる」）が掲げられていることは、ご存知の方も多いと思います。この章全体が、知識と愛というテーマで知識のもたらす害悪を大変具体的に語っています。本日のテキストから、知識の持つ意味を考えたいと思います。ところで、冒頭にある偶像に供えられた肉について知識を持っている、という場合の「知識」とはどういうものだったのでしょう。まず偶像とは何でしょうか。偶像は神ではない、天と地には神と呼ばれるいろいろな神があるが、それは偶像であって神ではないとパウロは言っています。ですから、パウロと同じように考えている人は、偶像に供えられた肉であっても平気で食べることができます。偶像は神ではありませんから供えられた肉には特別の意味がないからです。ところが、偶像を神として礼拝していない人にとって、偶像に供えられたものを食べることは、してはいけない行為でした（使徒一五・二〇、二九）。それは偶像を礼拝していない人々にとっては耐え

がたいことでした。そこでパウロは少し煩雑な議論をします。偶像は神ではない、また、聖書の神以外に神々は存在しないという立場の人が、偶像に供えられたものを食べると、そのことは間違ったことではありませんが、偶像礼拝と偶像への供えものを食べることは同じことだと考える人に対して、偶像礼拝を肯定させることになる、と強い警告を発しています。つまり、パウロは食べ物のことで、兄弟（とパウロは呼びます）をつまずかせるのなら、偶像に供えられたものは食べないほうがよい、自分も食べない、と最後に記しています。

要約しますと、そんなことがここに記されています。

そのような次第で、ここには知識（グノーシス）をめぐって今日の私たちにも通用する、いくつかの具体的なことが語られているように思います。

第一は、知識は人を高ぶらせる、誇らせる、ということです。これはよくわかります。知識を持っていることは人を高慢にし、知識を持っていることを誇らせます。また知識のないと思われる人を軽んじる、軽蔑するのです。これは人間の一般に陥りやすい態度でしょう。パウロの時代には、知識（グノーシス）を持てば、私たちを構成している物質から自由になる、つまり、この世のものから自由になる、解放される、救われると信じる宗教的一派がありました。知識を得ることが、その人の拠り所となる、しかもそれが宗教の役割を持つことにもなるというのは、パウロの時代だけではなさそうに思います。知識は迷信から人を解放します。知識に基づく社会の改革は人間に利益や公共の福祉をもたらします。しかし、その知識が個々の人間においては小さな神々の位置に座ること（擬似宗教）もあります。少なくともパウロがここで言っているように、「人間を誇らせる、高ぶらせる」ということは否定できないのではないでしょうか。人類の宗教の歴史、思想の歴史においても主知主義という立場があります。いろいろ定義されるでしょうが、人間の存在の根底として意志よりも、知識を重んじる立場とでもいうことができるでしょうか。実際、学問の世界に限らず、専門の知識、技術が宗教的役割を果たすこと、また果たしている状況が今日もたくさん見られることは前述のとおりです。他方、高度の知識を持っている人が、迷信、偶像の虜《とりこ》になっているという現象がギリシャ以来あります。

確かにパウロも、知識は自由を与えることを認めていますが（八・九）、しかし、パウロはここで、自由を与える知識が弱い人を滅ぼす（一一節）、良心を傷つける（一二節）、兄弟（隣人）をつまずかせる（一三節）、と注意しています。その兄弟（隣人）のためにも、キリストが死んでくださった、それゆえその兄弟（隣人）を傷つけたり、つまずかせたりしてはいけない、といましめています。

パウロは知識の重要性を決して否定していません。しかし、知識は神ではない、救いをもたらす宗教ではない、ということを明確に主張しています。

それに対して、人間を形成するのは愛であると、愛の大切さをここで説いています。その時パウロは愛の根底、愛の理由をキリストにおいていたのです。私たちの知識が、私たち自身の力で自由な愛に転換することは至難のことです。しかしキリストによって自由な愛へと転化させられることをパウロは説いています。

34 偽善から解放される

――マタイによる福音書六・一―四

この箇所は、マタイによる福音書では、五章から始まる「山上の教え」の一部です（七章二九節まで）。主イエスが、いろいろなときに、いろいろな場所で教えをなさった事柄を、「山上の教え」という形でまとめたと考えられます。

まず、一節に「見てもらおうとして、人の前で善行をしないように注意しなさい」とあります。善そのもののために、善を行うことと、人に見てもらおうとして善を行うというのはどこか違います。自分が褒められ、自分が名誉を受けるために善を行う、つまり善が目的ではなくて、自分が褒められ、自分が名誉を受けることが目的となると、目的と手段が逆転しているといえます。善を行うという場合には善そのもののために善を行うのであり、自分が褒められたり、名誉を受けたりするのはどうも都合が悪く感じます。少なくとも、善を行うということにおいては本末転倒になります。

二節に、「自分の前でラッパを吹き鳴らしてはならない」とあります。自分の前でラッパを吹き鳴らすというのは要するに、自分を目立たせる、宣伝するということになります。そして、自分の名誉や自尊心のために善を行うというのは偽善だと言っています。このような言葉を聞いて、皆さんは思い出すことがないでしょうか。「ぶりっ子」というあまり使いたくない言葉があります。まさにここではぶりっ子のことが言われているように思います。しかし考えてみますと、私たちの中でぶりっ子をしたことが一度もない人がいるでしょうか。おそらく人間は、善いことそのことのために善いことをするということもあるかと思いますが、しかし、ぶりっ子になるために、つまり、自分がよく見られるために、善い行いをすることがあるのではないでしょうか。しかもそれは、しばしば行われるのではないでしょうか。そういう意味では人間は常に役者のように人々に本来の自分の姿を隠して行動する偽善者（ギリシャ語のもともとの意味は役者ということです）であるということです。それゆえ、偽善者であることから解放されるということは一つの課題なのです。

人間はその本質において生涯、この善いことのために善いことをするのではなくて、自分に報いを求め、自分が名誉を得るため、自分が善い人だと見られるために演技をすることから解放されないと思います。しかし解放されない限り、人間は善のために善を行うことはなく、それゆえ偽善者と言われるように思います。

主イエスはこの問題を山上の教えの中で取り上げています。「施しをするとき」（六・一―四）、「祈るとき」（五―一四）、「断食するとき（一六―一八）」に偽善をなすことがどのような問題に帰結するかということが記されております。すなわち、人々の前で自分が善く見られるために善い行いをするということは、そこですでに報いを受けている」（六・二、五、一六）から問題であるというのです。これはどういうことでしょうか。この箇所で一番わかりにくいのは、この言葉ではないかと思います。先ほども言いましたように、私たちは偽善者であることから解放されず、神から「報い」を期待することから自由になることはありません。それは人間自身の問題です。キリスト教でいえば、罪といってもいいかもしれません。しかし、人々の前で自分が善であることを見せようと振る舞うことは、もうそれで報いを受けているのだと聖書は言います。この「報いを受けている」とは、私たち人間が自分から解放されない、善のために善を行うことができない罪の状態にあることを示しているということです。いずれにしても私たちは、そういう課題を一人一人が持っています。言い換えるならば、私たちの友人も両親も誰《だれ》も自分に取って代わってこの問題を解決してくれるわけではありません。まさに自分が負って、自分が解決しなければならない問題です。目に見えない戦いといってもいいかもしれません。しかし、これをおろそかにするとますますその報いを受けるでしょう。偽善が積み重なっていくということになります。

私たちが皆、生まれながらにして持っている人間としての課題、人間が逃げないで負っていかなければならない課題、それがここにあると思います。すべてのことが自分のためという枠の中で活動していること、いかにして私たちは純粋でありうるかということ、いかにして偽善から解放されるかということが、一人一人の課題だと思います。また、そういう課題を聖書によって与えられるだけでなく、その課題を解決しようとすることに、ひとつの聖書の意味、礼拝の意味があると思います。神の前で礼拝をし、聖書を共に読むということの意味は、そのように私たち一人一人が持っている課題や問題をきちんと受け止め、しかもその課題を解決する道を示されることにあるのです。

35 人間の尊厳と価値を知る

——エフェソの信徒への手紙二・一〇

私たち東北学院は、二〇〇四年、創立一一八周年の記念式を致しました。東北学院が創立される十年ほど前に、一人の日本の青年を案内人として、東北・北海道を旅行した英国の女性がおります。イサベラ・バードという牧師の娘です。お読みになった方もあるかと思いますが、彼女は『日本の未踏の地』（Unbeaten tracks in Japan）という本を書いております。翻訳では『日本奥地紀行』となっております。実は、このバード夫人が、日本で主に宿泊した場所は、横浜の宣教師へボン博士の所でした。へボンは最近は英語の発音に近づけてヘップバーンと呼ばれるようですが、当時はヘボンと呼ばれていました。今日でもヘボン式ローマ字日本語綴りで有名です。そのヘボン宣教師の属する横浜バンド*で私たちの東北学院の創立者の一人、押川方義《まさよし》は洗礼を受けたのです。また押川方義を助けて本学の創立の苦労を共にしたホーイ宣教師もその横浜バンドの中で押川方義と出会ったのです。

さて、バード夫人の『日本奥地紀行』には、日本人の美意識、清潔さ、治安の良さなどについて、積極的に評価した考察が記されています。それとともに、明治十年頃の日本の貧しさ、住居の粗末さ、交通の不便さ、道路の悪さについて記しておりますが、それらは今日の私たちからは想像もできないものです。

ところで、バード夫人の『日本奥地紀行』の中に、冒頭に挙げた聖書の箇所と密接に関係したことが記されています。バードは東京を出て、しばらくは人力車で旅行したのですが、その車を引く車夫についての次のような記事があります。

「私の車夫は親切でやさしい男だが見るも恐ろしい痛みと吐き気に襲われた。そこで後に残しておくことにした。彼は契約を厳重に守って代わりの者を出し、病気だからといってチップを請求することはなかった。その正直で独自のやり方が私には大変嬉しかった。彼はとても親切で役に立つ男であったから、病気のまま彼をそこに残して去るのは、私にとって実に悲しかった。なるほど彼はただの車夫であり、日本帝国三千四百万人中の一人にすぎないけれども、やはり天におられる人間の造り主から見れば、他の何人にも劣らず大切な人間なのである」（平凡社、一九七三年、東洋文庫、五〇頁）。

言うまでもなく、このバードの言葉は、先ほどの聖書の「わたしたちは神に造られたものであり、……キリストにおいて造られた」という言葉に由来しています。この新約聖書の背後には旧約聖書の冒頭の創世記第一章があります。それによりますと、「神は御自分にかたどって人を創造された。神にかたどって創造された。男と女に創造された」（二七節）とあります。こうした旧約聖書、新約聖書の教えによって初めて、バードの「天におられる人間の造り主から見れば、他の何人にも劣らず大切な人間なのである」が理解できます。人間としての尊さ、価値について、権利の平等について、このバードの言葉は大変単純明快に語っているように思います。

「天は人の上に人を造らず、人の下に人を造らず」。慶應義塾大学の創設者福沢諭吉がこのように言ったことはよく知られております。しかし、この言葉は、これまたよく指摘されるように、アメリカの独立宣言に由来しております。アメリカの独立宣言には、「われわれは次のような諸真理は自明のことであると信じる。すなわち、すべての人は平等に造られ、それぞれ創造者によって一定の、譲り渡すことのできない権利が与えられている。それらの権利の中には生命、自由および幸福の追求が含まれていることを信じる。もし以上の目的を破棄するとなる場合には、人民は政府を改変し、新たなる政府を創立する権利を有することを信じる」とあります。

この流れの中にあるのが、近代国家の諸憲法であり、「世界人権宣言」です。後者には「すべての人間は尊厳と権利について平等である」（一九四八年、第一条）と記されています。それはまた日本の「教育基本法」（一九四七年に制定）に記されている「個人の価値をたっとぶ」（第一条〈教育の目的〉）ということでしょう。しかし、憲法にどんなに人間の尊厳や価値が語られていても、実際にすべての人間の自由、権利と尊厳が平等な社会を形成していくことは困難です。すでにソ連、東欧社会は人権を重んじず、自由で平等な社会を造ることに失敗しました。しかし、政治や社会の問題もさることながら、世界で起きているさまざまな出来事を見ますと、人間は外見上、また経済的にも、格差が生じていますし、「世界の人権宣言」や「教育基本法」のうたう人間としての尊さ、価値を誰《だれ》もが平等に持っているように扱われているとは見えません。そしてまた私たちも平等に他人に対して対応することは大変困難な課題です。それだけにかえって、すべての者が神によって造られ、しかも神によって造られたことによる人間の尊厳と人間一人一人にある価値、自由や権利の平等を自覚することが大切です。それらの価値をまた他の人に保障することの困難さの中で、キリストの助け、導きを必要とするということができます。この点においても私たちは、礼拝において、繰り返し聖書によって自由と平等の根本を学ぶ必要を知らされるように思います。

＊熊本バンド、札幌バンドと並ぶ明治期における代表的なキリスト教の一群。一八七二年J・H・バラの学校で学ぶグループが横浜居留地に設けた日本最初のプロテスタント教会の草創期のメンバーをさす。（岩波キリスト教辞典、二〇〇二年）

36　学校礼拝

——ヘブライ人の手紙九・九

ホッブズ『リヴァイアサン』4、水田洋訳、岩波文庫、一九八五年、七八頁以下

皆さんは十七世紀のイギリスの思想家、トマス・ホッブズの名前を聞いたことがあるでしょう。とくに彼の『リヴァイアサン』は有名です。その『リヴァイアサン』という書物は、普通にはその題名からして、国家権力の絶対性を主張する書物のように受け取られがちですが、読んでみるとおわかりのように、国家の権力に対して、人々に保障されている基本的人権、とくに信仰や良心の自由を明らかにした書物ともいえる内容を持っています。

日本国憲法や教育基本法は、基本的人権の擁護や尊重を掲げております。その観点からしても『リヴァイアサン』は、今日の日本の現状に照らして、示唆に富む、教えるところの多い書物です。しかし、私が今、礼拝で取り上げるのは、日本におけるデモクラシーの進展のためにとか、基本的人権、良心の自由について学ぶために、といった観点からではありません。この十七世紀に書かれた書物が、キリスト教の礼拝について、詳細な意見を述べているからです。

しかし、ホッブズの礼拝に関する意見すべてを紹介することは、時間の制限もあり、できません。

そこで本日のテキストの言葉に関わる、「なすべき礼拝――文化、奉仕」に関するところが、とくに興味深く思いましたので、それを紹介したく思います。

まず、ホッブズは礼拝という言葉は、本来いろいろな意味を持っているというのです。それは当然です。といいますのは、日本語では、礼拝と訳されているのですが、もともとの言葉では教養(cultus)、奉仕(service)という意味の言葉で表現されるものです。ホッブズは、この本の中で、礼拝という言葉は労働、耕作、訓練、教育、文化、生活態度、崇拝、賞賛、賛美、祝福といったいろいろな意味を持っている、と言っております。

ところで、礼拝、とくに学校の礼拝は、聖書の語っていることが現代にどのようなメッセージを発しているかという解き明かしがなされるにしても――それが私たちに神への崇拝を促すわけですが――同時に、礼拝は教育、文化、生活態度に関わるものであるということなのです。したがって、礼拝で語られている言葉は、ホッブズによれば、理性によっては論証することも論破することもできないものがあっても、理性に反するものではない、ということです。語られた説教が理性に反するように見える場合は、聖書の不十分な解釈か、間違った理性の推理がなされているというのです。

日本語でも理性に関して、反理性的、非理性的、超理性的という言葉があります。礼拝で語られるのに望ましいのは、超理性的な言葉です。ホッブズが望んだものです。そしてそれは聖書にある「霊的な礼拝」(ローマ一二・一、口語訳、英語ではreasonable service)に近いものかもしれません。もともと「霊的な礼拝」という言葉は動物を犠牲として捧げることに反対して用いられたもののようです。

次に、「良心を完全にする礼拝」ということで思い出すのは、「道徳的良心を欠く宗教は迷信である」という有名な哲学者カントの言葉です。もちろん、カントは、ホッブズよりはるか後の人ですが、このカントを手がかりにして、良心を完全にすると聖書の言葉を理解するならば、礼拝は道徳的良心に訴えたり、それを豊かにするものでなければなりません。

いずれにしても、ホッブズが望んだような礼拝、あるいはカントが語る宗教は、キリスト教学校の礼拝においてこそ実現されるべきことと思います。

最後に、ホッブズが注意しましたように、キリスト教の礼拝が奉仕といわれていることをもう一度思い起こしたいと思います。礼拝は神への奉仕です。しかし、同時にそれは文化、教育、すなわち、他の人間への奉仕に関わり、それを促すものであるということです。この学年もそのような礼拝を共に捧げたいと思います。

37　宗教改革の核心

――ローマの信徒への手紙八・三一、三二

皆さんは世界史の教科書で宗教改革の中心にあった思想について学んだと思います。宗教改革を生み出した思想、あるいは改革の内容は三つの言葉であらわすことができると思います。一つは「聖書のみ」という言葉です。それから「キリストを信じる信仰のみ」です。「信仰のみ」と普通略されていわれています。これが第二番目です。第三番目は「恩寵《おんちょう》のみ」、神の愛、恵みのみです。この三つということができるでしょう。

聖書のみというのは、キリスト教の教えや信仰の根拠、あるいはキリスト教の生活の規範になるものは、新旧約聖書に記されているということです。宗教改革の発端となった「九五箇条の提題」の中にもこの問題は記されていますし、その後の宗教改革運動が進展する中で繰り返し語られます。なぜなら、その当時、ヨーロッパでは、聖書も参照するけれど、聖書より教皇の教えが中心だったからです。教皇の発言だけでなく、歴代の教皇の出したさまざまな勅令、大教書が大事だったのです。例えば、「教皇に従わない者は救われない。すべての者は教皇に従わなければならない」ということとか、あるいは「教皇が承認しない王は正当な皇帝ではない。皇帝は月である。それに対して、教皇は日である、太陽である。月は太陽の光をあびて初めて輝く」というように、教皇によって承認されない王は正当ではないと言われたのです。そのことが、宗教改革の進展の中で、ルターの大きな批判の焦点の一つとなりました。「教皇は神以外の誰によっても裁かれない」、教皇に従わなければすべての者は救われない、すべての者は教皇に従わなければならないといった教皇万人救済説にルターは反対しました。

また、教皇の権利によって「免罪符」(正しくは贖宥《しょくゆう》券)という大体が紙切れのものが売られました。信仰者には、罪を悔い改め、善い行いをすることが求められましたが、罪を償う方法として免罪符を買えば、罪が許されるという制度が出現しました。その後、その紙切れを買って、代金を木の箱に入れ、チャリンという音がすると同時に死後の煉獄にある魂は救われる、ということが、主張されるようになりました。免罪符が本当に罪を許す効果があるものかを明らかにするために討議を求めたものが、「九五箇条の提題」なのです。

ルターは、人間の罪を許し救うことは、人間の力であるのではなくて、イエス・キリストにある、イエス・キリストを信じることのみによって救われると言いました。聖書によって、イエス・キリストを信じることによってはじめてキリスト教が存立すると言ったのです。これは決定的なことでした。

したがって、教皇の権利によって免罪符を売り、教皇が教会でなすべき事柄を決定していたカトリック教会にとって、ルターの批判は大変な問題だったのです。ですからルターは、カトリック教会によって異端の宣告をされ、断罪されたのです。「キリストを信じる信仰のみによって救われるという者は呪われよ」と、教会全体の会議で異端と決定しました。これによって、つい最近までカトリック教会からプロテスタントは異端であるといわれてきたのです。ルターだけではなく、ツヴィングリ、カルヴァンも信仰義認の教えによってカトリックによって異端と見なされてきました。

このようにプロテスタントとカトリックの分裂が続いていたのですが、一九九九年十月三十一日に、ローマ・カトリック教会とプロテスタント教会とは信仰のみによって救われる、つまり信仰義認の教えについて協同宣言するという形で合意に達しました。これまでローマ・カトリック教会は信仰のみによって救われるという教えは間違いであると断罪し、また異端であるとしてきましたが、このことは適切でなかったと認めたのです。

ルターの言う信仰のみというのは、聖霊によって与えられるキリストを信じる信仰のみによることであり、宗教改革の三つ目のスローガンの恩寵のみによって救われるということと同じことなのです。そこでこの恩寵のみによって救われるということで、前述のようにカトリック教会との合意に達したのです（最初は世界ルーテル連盟だけでしたが、二〇〇六年七月には世界メソジスト協議会もその合意に参加しました）。したがって、ローマ・カトリックとプロテスタントとの間において、信仰のみによって義とされるという、信仰義認については共通の理解ができ、共通の基盤が確立されたということになりました。そういう意味では、ルターの宗教改革の核心にあった信仰義認はキリスト教の内部において分裂をもたらしたのですが、今では、カトリックとプロテスタントが一致するきっかけを提供したのです。

38　キリストの奉仕を受けて

――マルコによる福音書一〇・四二―四五

宗教改革とは何であったのでしょうか。それはキリスト教の唯一の源泉である主イエス・キリストへの復帰であったといえると思います。そのことをルターが宗教改革において提示した思想を通じて明らかにしてみたいと思います。

宗教改革の記念日は十月三十一日です。一五一七年のその日、最初の宗教改革者マルティン・ルターは、救いはただイエス・キリストによること、キリスト者は悔い改めつつキリストに従うべきことを「九五箇条の提題」によって明らかにしました。その提題がもたらした衝撃によって宗教改革運動が起こったのです。この「九五箇条の提題」の最初の言葉は「私たちの主にして師であるイエス・キリストが《悔い改めよ》といわれたとき、信仰者の全生涯が悔い改めであることを求めておられた」というものでした。

その四年後、ルターはカトリック教会から破門されました。そこで彼は人里離れたヴァルトブルク城に約十カ月保護されていました。ルターがヴァルトブルク城で行った仕事の中で、聖書の翻訳と並んで重要な仕事の一つが宗教改革の立場から説教集を書いたことです。その説教集でルターは、「イエス・キリストのみを宣べ伝え、キリスト以外を宣べ伝えるべきでない」と宗教改革者としての基本的立場を主張しています。

イエス・キリストへの集中の一つの例は、晩年のルターの信仰と神学が最もよく示されている『ガラテヤの信徒への手紙大講義』（『ガラテア書講義』）に明らかです。この講義を始める時、ルターは、「キリストから出てキリストへ帰っていく」のが自分の信仰であり、神学であると述べています。このようにルターの宗教改革の発端と宗教改革に基づく教会形成の中心的働きとしての聖書解釈・説教、そして彼の信仰と神学の中心に主イエス・キリストが立っていたのです。

それでは、主イエスはどのように私たちの中心にあり、私たちに対して何をなさったのでしょうか。本日の聖書テキストによれば、主イエス・キリストは私たちに「仕える」、すなわち奉仕をするために来られたとあります。僕《しもべ》、つまり奴隷として仕えるという言葉も用いられています。具体的にはご自分の身体を「身代金として献げる」という仕方で仕えると記しています。それはほかでもなく主イエスの十字架上の贖罪《しょくざい》死（自己犠牲）のことをいっています。私たちは、主イエスの十字架の死とその死からの復活が、私たちに対する主イエスの最も重要な奉仕である、と聖書は語っているのです。

さらに聖書には仕える主イエスの有名な物語が記されています。それは主イエスが弟子たちの一人一人の足を洗った洗足《せんそく》の物語です（ヨハネ一三・一―一一）。足を洗うというのは、奴隷が主人に仕える行為なのです。それゆえ、弟子のペトロは主イエスが弟子たちの足を洗い始めると「わたしの足など、決して洗わないでください」と言いました。それに対して、主イエスは、足を洗うことは罪から清くなる、すなわち罪が赦《ゆる》されて義とされる行為の象徴である、とペトロを説得しています。

本日のテキストと洗足の物語は、私たちに対する主イエス・キリストの奉仕とその意味をよく伝えています。主イエスは、私たちの罪のために死に渡され、私たちが義とされるためにご自身を捧げられたということです。それが主イエスの奉仕であり、その奉仕はヨハネによる福音書によれば、私たちに対する主イエスの愛であり、また私たちに対する模範の行為でもありました。主イエスの行為は、私たちが仕え合うようにという善き業へと促し、善き業へと駆り立てる力を与えてくださるものであったのです。

このような主イエスの十字架の死と復活に示された自己犠牲（贖罪の愛）の奉仕と私たちとの関連を最も鋭く、明確に伝えた一人が、最初の宗教改革者マルティン・ルターでありました。次にその点について少し考えてみたいと思います。

ルターは彼の代表的書物である『キリスト者の自由*』において、主イエスが私たちの罪のためにご自身を捧げてくださった愛、すなわち贖罪の愛と奉仕について語っています。『キリスト者の自由』の冒頭に二つの命題が掲げられています。第一は、「キリスト者はすべてのものの上に立つ自由な君主であって、何人にも従属しない」、第二は「キリスト者はすべてのものに奉仕する僕であって、何人にも従属する」（岩波文庫、一三頁）というものです。自由な君主というのは、キリストの自己犠牲、贖罪、愛の奉仕によって与えられるキリスト者の自由のことです。それは罪の赦し、すなわち罪からの自由と呼ぶことができます。それだけではありません。キリストが持っておられるすべてのもの、さらに主イエスご自身が私たちに与えられるとルターは言っています。それはちょうどパウロが「その御子をさえ惜しまず死に渡された方は、御子と一緒にすべてのものをわたしたちに賜らないはずがありましょうか」（ローマ八・三二）と言っていることではないかと思います。

さらに御子と共に神によって与えられるすべてのものの中で、ルターは二つの大きな特権といわれる賜物を挙げています。

二つの特権とルターが呼んだものは、「キリストの王権と祭司権」（岩波文庫、二六頁）です。聞きなれない言葉かもしれません。それは聖書に、「キリストは信仰によってすべてのものをキリストと同じように王として祭司とし給う」、と記されているとおりなのです（一ペトロ二・九、黙示録一・六参照）。キリストが私たちキリスト者すべてにくださる祭司の権利、祭司職ということから「全信徒祭司性」、「万人祭司」という言葉が生まれました。なお、ルターによれば、私たちが祭司であることは王たることよりもはるかに偉大なことでありました。それは、キリストの国は地上のものではなく、霊的なものであり、祭司は神の前で他の人々のために祈ることを職務として与えられているからです。

ところで、問題は、このようなキリストの私たちに対する奉仕によって与えられる賜物《たまもの》はそれだけではないのです。ヨハネによる福音書一三章一四節にあるように、「主であり、師であるわたしがあなたがたの足を洗ったのだから、あなたがたも互いに足を洗い合わなければならない」と私たちに奉仕の愛が命じられているのです。これはまさに『キリスト者の自由』の第二の命題「キリスト者はすべてのものに奉仕する僕である」に対応しています（一コリント九・一九も参照）。第一命題では「キリスト者はすべてのものの上に立つ自由な君主」と呼ばれています。キリストにおいて自由と奉仕は区別されても切り離すことはできません。自由は他への奉仕を目的としない限り堕落・滅びに至ると聖書が鋭く教えているとおりです（ガラテヤ五・一三以下）。

『キリスト者の自由』の最後にルターは次のように記しています。「キリストが私にそうなさって下さったように、私もまた私の隣人に対して小さなキリストになろう」「……キリスト者は自分自身においてではなく、キリストと自分の隣人とにおいて生きるということである。即ち、キリストにおいては信仰によって、隣人においては愛によって生きるということである。……しかも常に神と神の愛の中にとどまるのである」（岩波文庫、四四、四九頁）と。この最後の一句は私たちにとって慰めではないでしょうか。最初に申しましたように、私たちは主イエスの御言葉によって悔い改めつつ従うものであります。そして、多く悔い改めるものは、多く主イエスの赦しと慰めの愛を必要としているからです。

＊マルティン・ルター『キリスト者の自由・聖書への序言』石原謙訳、岩波文庫、二〇〇二年。以下参照頁数はこの岩波版の頁数を記す。

39　万人祭司

――ペトロの手紙一　二・九

これまで、二回にわたりまして、宗教改革の思想史における意義を考えました。本日はこの宗教改革の文化的な側面について考えたいと思います。

ここで取り上げたいことは、「万人祭司」という事柄です。ペトロの手紙一には「あなたがたは王の系統を引く祭司、聖なる国民」（二・九）ということが言われており、信仰者は誰《だれ》もが「聖なる祭司」であると告げられます。ここから、万人祭司という言葉が生まれてきています。万人祭司は、当時のローマ・カトリック教会の位階制度、つまり、教皇から始まり、下級聖職まで教会によって定められた階級制度に対する批判でもありました。キリスト者であれば、教皇であろうと、司祭であろうと、修道士であろうと区別はありません。またすべての人は、身分の区別もなく、すべての人が神から使命を与えられている祭司であるということです。万人祭司といっても、誰もが完全なキリスト者ではないのです。キリスト以外に完全なキリスト者は誰もいません。すべての人が、キリストによって救われなければなりません。生きている限りは罪人です。ですから、この言葉はすべての人に対するキリストの約束なのです。間違ってはいけません。誰もが完全を求めて努力しているということはいえますが、キリスト以外のキリスト者はすべて完全なキリスト者ではないのです。ですから完全な祭司もいないのです。したがって万人祭司はすべての人に対する驚くべき祝福の約束なのです。この「万人祭司」という考えが、歴史においてどのように展開したかをお話ししましょう。

イギリスでピューリタン革命という最初の大きな国民運動が起こりました。この運動は、人々が議論によって合意を形成して、政治的課題を解決するという近代におけるデモクラシーの成立の起源になったといわれます。このピューリタン革命とデモクラシーについて、A・D・リンゼイは、『民主主義の本質*』という本を書きました。これは日本語に訳されています。そのリンゼイの言葉を引用しますと、「万人祭司は真の民主主義を神学的でない言葉で言い換えたに過ぎない」。つまり、独立派、バプテスト、クエーカーといったピューリタンが、ルターの万人祭司の教えを全面的に受け入れ、それを具体化したというのです。

また、ノーベル文学賞をもらったドイツのトーマス・マンは、万人祭司は宗教的民主主義であると言っています。しかし、これらよりも「万人祭司」ということをわかりやすく説明したのは、ドイツとアメリカで活躍した二十世紀を代表する宗教哲学者パウル・ティリッヒです。ティリッヒは「万人祭司は人間の本質は平等であるという、デモクラシーの原理に取って代わられた」、「万人祭司とは民主主義の一つの比喩である」と言っています。人間の作る社会や政治の制度、組織というものは、聖書のメッセージの一つの例えにすぎません。とりわけ、政治や社会の現実の事象は、聖書の教えの一つの比喩（メタファー）にすぎないのです。

いずれにしましても、このような現代を代表する政治学者や文学者、あるいは宗教家は、万人祭司というルターの宗教改革の大きな旗印になったものが、民主主義の一つの重要な根拠になると言うのです。なぜでしょうか。民主主義には、人間の尊厳や人権は平等であるということが基本的前提となっているからです。それは、人間の持っている自由は平等であると言い換えることもできます。本日のテキストにあるように、キリストはキリストが持っているものを、すべての人間に与えると約束しているのです。これが、すべての人間の価値が同じであるという根拠であり、ルターが『キリスト者の自由』という書物の中で明らかにした万人祭司の根拠です。

しかし、万人祭司には別の根拠もあるという人がいるかもしれません。京都に行きますと、「仏教は民主主義である」という看板が大きく掲げられております。仏教では、人間も動物も木々も土も石もすべてアニマがあるという考えに由来していると理解します。ですから、すべてのものが平等であるというのです。しかし聖書はそうではありません。聖書の始めから終わりに至るまで、人間は他の被造物とは異なり、神に似せて創造されたというのです。つまり、人間には人間としての尊厳と権利が与えられています。それゆえ、人間はすべての木々、動物、植物など人間以外の他の被造物を保護し、秩序ある形で人間と共存させる責任があると教えています。それが、万人祭司の人間の創造の時点におけるもう一つの聖書の根拠です。ルターは主張し、ピューリタン革命はそれを政治運動の理論的根拠としたのです。そして「すべての人は平等に造られ、一定の奪いがたい天賦の権利を付与されている」と宣言したアメリカの「独立宣言」はそれを継承していったということになります。

＊A・D・リンゼイ『民主主義の本質――イギリス・デモクラシーとピュウリタニズム』長岡薫訳、未来社、一九六四年。

第Ⅲ部　聖書の教え

40 聞くことに始まる

私たちにおけるクリスマス

――ローマの信徒への手紙四・三

普通私たちが「信じる」という場合に使う言葉で、新約聖書に頻繁に用いられている言葉の一つがピステューオーです。名詞はピスティス（信仰）です。この言葉は、疑わないで信じるという意味がありますが、信頼する、確信するという意味もあります。聖書でよく使われる言葉です。

私たちは、よく何々であることを信じる、というふうに言います。聖書にもものや事柄を信じるというときにこの言葉を使う例は多くあります。他方で私たちは普通、自然科学の真理に対して、「疑わないで信じる」という意味でこの言葉はあまり使わないように思います。自然科学の真理に関しては、それを信じるというよりも、それは証明したり、実証したりすればよいと考えられるからです。仮に実証されたり、証明できなくても、自然科学の真理それ自体には変更が加えられません。それ自体は不変的です。ガリレオ・ガリレイが、「それでも地球は回っている」と、天動説に反対して地動説を主張した時、彼を処罰しようとした人々はそれを信じられませんでした。しかし、地動説が真理であることは、その後の証明に任せてもよかったのです。

新約聖書で使われているピスティス（信仰）は、そのような事柄を信じるとか、自然科学の真理の証明や承認と比較すると対照的な意味を持っています。

聖書の信仰の特色は、神を信じる人間の「生き方」に関係することでした。その信仰は時には歴史を造り出し、動かすものでもありました。そのような神への信頼としての信仰のよい例が、旧約聖書のアブラハムでした。彼は、神に信頼して、メソポタミア、現在のイラク、バグダッドの近くカルデアのウルからはるばるパレスティナの地方に移住しました（創世記一二・一以下、同一五・六）。そして今日イスラエル共和国の父祖とされるようになりました。アブラハム以降今日までのユダヤ民族の歴史が人類に与えた影響のことを考えると、彼の神への信頼の歴史的意義を思わざるをえません。パウロは、このアブラハムの信仰が主イエス・キリストへの信頼としてその後の信仰に連続していると語ります（ローマ四章）。

そのように歴史を動かし、なお動かしている神への信頼としての信仰として、歴史上の人物の例を挙げることができます。それは、もう一人のアブラハム、つまりアメリカ大統領エイブラハム・リンカーンです。彼の演説集にはしばしば神への信頼という言葉が出てきます。エイブラハム・リンカーンは、アメリカ南北戦争の時の大統領でした。彼は大統領就任の演説の中で「南北の双方を導く、すなわち敵・味方の双方を導く真理、正義、諸国民を支配する真理と正義の神に対する堅い信頼」を勧めています。この演説の二年後になされたのが、有名なゲティスバーグの演説です。その演説の結びで語られた「人々の、人々による、人々のための政治」という言葉は、神の導きへの信頼というリンカーンの信仰に基づいて語られているのです*。

今日では自由なデモクラシーの現実の形態はきわめて多様なものであることは周知のことです。しかし、リンカーンがこの演説で語った民中心の考えは、その後ますます世界史の流れを決定する重要な考え、価値となっているといわざるをえません。

二人のアブラハムの神への信頼が、大きく世界史の流れに関わったといえるでしょう。そのことはともかくとしても、私たちにとって重要なことは、主イエスの信仰とは主イエスへの信頼ということです。そして、主イエスへの信頼を私たちはどのようにして持つことができるのか、どのようにして与えられるか、ということです。そのためには、まず、主イエスの私たちへの語りかけ、呼びかけに、私たちが耳を傾け、心を開くことが必要です。聖書に「信仰は聞くことにより、しかもキリストの言葉を聞くことによって始まる」(ローマ一〇・一七)、と記されているとおりです。そのようなキリストご自身の呼びかけ、語りかけは、主イエスが誕生し、人となり、この人間の世界に来られた時から始まったのです。そういう意味で、クリスマスは、主イエスに心を向ける大切な時ということができるでしょう。デンマークの思想家キェルケゴールによれば、そのようにして私たちの心が開かれ、そこにキリストが誕生するならば、それが私たちにおけるクリスマスだと言っています**。

* リンカーン『リンカーン演説集』高木八尺、斎藤光訳、岩波文庫、一九五七年、一〇五、一四九頁参照。
**キェルケゴール『神への思い――祈りと断章』倉松功編訳、新教出版社、一九九六年、七一頁参照。

41　洗礼者ヨハネ

――ヨハネによる福音書一・二九、三〇

教会の暦で六月下旬は、洗礼者ヨハネのことを思い起こす時です。本日のテキストの前後に洗礼者ヨハネのことが書かれています。彼は、キリストが出現する前に登場した先駆者、あるいは、キリストが登場した時にキリストを救い主として証言した最後の預言者です。キリストとこの洗礼者ヨハネとの関係は、キリストと私たちとの関係について考えるだけでなく、東北学院の使命、キリスト教学校の存在の意味についても教えられるところがあります。

まず、洗礼者ヨハネが、キリストの先駆者と見なされていることについて考えてみます。

「先駆者」という言葉を『日本国語大辞典』(小学館)で引いてみますと、次のように説明してありました。「普通の人より先にその事の重要さに気がつき、それを実行した人」、そして「開拓の先駆者」という使用例を挙げています。そういう意味では東北学院の大先輩である第一期生の島貫兵太夫は、一八九七年に「日本力行会」を結成し、当時、日本にはそのような機関がほとんどなかったのですが、北米、中南米、東南アジアへの海外移住を指導しました。海外移民事業の「先駆者」というこ

とができるかもしれません。

　ところで、ヨハネによる福音書によりますと、先駆者ヨハネは、当時の人々より先に、キリストが救い主であることに気が付いていたと記しております。ヨハネによる福音書は、キリストが世の光であり、救い主であることをはっきりと述べております。二九節には洗礼者ヨハネが「見よ、世の罪を取り除く神の小羊」とキリストのことを語ったと記されています。洗礼者ヨハネ自身は、「世の罪を取り除く」業《わざ》、つまり救いの業を行ったのではありません。つまり、彼は世が罪に支配されていることを深く知り、その罪を取り除く重要さに気が付いていましたが、それを実行できなかった人物です。しかし、まことの救い主について証言した人物です。

　神の小羊・キリストをさし示した証言者としてのヨハネの姿は、ヨーロッパの絵画の中で再三取り上げられました。中でも有名なのは、アルザス地方コルマーのウンターリンデン美術館にあるマティアス・グリューネヴァルトが描いた「イーゼンハイム祭壇画」でしょう。この絵では、洗礼者が右の人差し指で、神の小羊・キリストを指差しています。大変有名な絵であり、ご覧になった方もあるかと思います。

それでは、洗礼者ヨハネは、キリストは「神の小羊」であると証言したほかに、何をしたのでしょうか。それについて、ヨハネによる福音書をはじめすべての福音書が一致して記していることがあります。ヨハネは、「主の道を整え、その道筋をまっすぐにせよ」（マタイ三・三、マルコ一・三、ルカ三・四）つまり、キリストの来られる道を準備するという仕事としたというのです。キリストへの道を整え、その道をまっすぐにするといっても、もちろん目に見える道のことではありません。キリストを理解する道、キリストを受け入れる道のことです。そのような道を整えるために洗礼者ヨハネは、悔い改めを呼びかけました。その悔い改めこそ、ヨハネがキリストに先立って、そして、キリストのためにしたことでした。悔い改めというのは、一人一人個々人のことです。私たちがキリストを理解し、受け入れる道を準備したのです。それがヨハネの語ったまっすぐな道、つまり悔い改めです。それはまた、キリストも「神の国は近づいた。悔い改めて福音を信じなさい」（マルコ一・一五）と求めたものでした。「悔い改め」とは、方向を転換することを意味します。人間の罪から方向を転換し、神を信じることです。そして、この「悔い改め」は全生涯において繰り返しなされるべきであると言ったのが、ルターが宗教改革のはじめに語った言葉です。

ところで、考えてみますと、私たちの学校は、学校としてその教育と研究する営みにおいて、キリストをさし示すことが許されているし、その使命を与えられているキリスト教学校です。そのような光栄ある、しかし大変過大な役割や使命を前にして、悔い改めが求められています。他方では、何よりも一人の人間としては、完全ではないものとして、悔い改めをせざるをえないものであります。そのような二つの意味において、ヨハネは私たちの先駆者であるといえるかと思います。

42

聖なる者との出会い

ペトロの悔い改め

——ルカによる福音書五・一—一一
(マルコによる福音書一・一四—二〇)

シモン・ペトロは、主イエスが選ばれた十二使徒たちの一番の弟子でした。ペトロが主イエスに出会い、弟子になる時の様子が記されています。この聖書の箇所は、「ペトロの奇跡的な魚網打ち」ともいわれています。

ペトロたち四人の仲間は、ガリラヤ湖を漁場にしている漁師でした。ペトロたちはその日、夜通し網を降ろして働きましたが、まったく漁がありませんでした。しかし、主イエスの「沖に漕ぎ出して網を降ろし、漁をしなさい」という言葉に従いました。そうしたら、二艘《そう》の舟に一杯になるほど、おびただしい魚がかかりました。それを見たペトロはイエスの足もとにひれ伏して言いました。「主よ、わたしから離れてください。わたしは罪深い者なのです」と。これはペトロの主イエスに対する悔い改めと主イエスを聖なる者と認めた告白です。主イエスは福音を伝え始めた時、「悔い改めて福音を信じなさい」と宣言されましたが、そのことが新約聖書に記録されている限り最初にペトロにおいて起こっているのです。

それでは、ペトロの悔い改めとはどんなものだったのでしょうか。ペトロは「主よ、わたしから離れてください。わたしは罪深い者なのです」（ルカ五・八）と言っています。このペトロの態度は、「聖なるもの」に触れたときに示す反応です。有名な宗教家ルードルフ・オットーは、「（聖なるものを欠くなら、）その宗教は全く宗教でなくなる。聖なるものはセム民族の宗教、とりわけ聖書の宗教の中に生きている」と記しています*。そしてオットーは、「聖なるもの」の内容としていろいろ挙げています。「宗教的恐れ」とか、「神秘的なもの」とか、「絶対的に優越していることとの感じ」などです。突然の大漁を前にしたペトロの意識、心の中にはそのようなものがあったに違いありません。しかし、ペトロの「わたしから離れてください。わたしは罪深い者なのです」は、それだけではないもの、むしろ「聖なるもの」との対照をなすもの、「対立の極にあるもの」をあらわしているように思います。それが「罪深い者です」という言葉です。聖なるキリストを前にして、キリストと自分との違いに対する告白ということができるように思います。再びR・オットーによりますと、「被造物と創造者、汚れたものと聖なるもの、罪人と聖者との隔たりはキリストの福音から生じ、かえって拡大される」というのです。

今日の私たちにとって、R・オットーのいう「聖なるもの」の体験を理解することは簡単ではありません。しかし、新約聖書によれば、主イエスとの出会いにおいて意識させられているのです。実は、その点でペトロの主イエスとの出会いでは、「聖なるもの」に直面していることを意識させられることがわかります。「神秘的なものや絶対優越の感じ」に始まって、罪人と聖者との隔たりに至るまでいろいろな「聖なるもの」の体験をキリストとペトロの間に見ることができます。

もし、ペトロの「わたしは罪深い者なのです」という告白が、「罪人と聖者との隔たり」を意味しているとすれば、それはペトロの悔い改めでもあったといえるのではないでしょうか。もちろん、その時、ペトロは罪を犯していてそれを悔いたのではありません。キリストを前にして、自分自身の生きざま、人間としてのあり方を罪深いと意識したのです。具体的、個別的な罪ではなく、自分の存在そのもの、自らの生きること全体が罪深いという自覚を与えられるなら、そこで、キリストとの出会いが用意されるのではないかと思います。その時、何らかの方向転換が行われるでしょう。ペトロも悔い改めによって具体的な方向転換をしました。福音を宣べ伝え、キリストの弟子になるという人生の転換をしたのでした。

＊以下、オットー『聖なるもの』山谷省吾訳、岩波文庫、一九六八年、一一頁以下参照。

43

自己絶対化の罪

皇帝のものは皇帝に、神のものは神に

――マルコによる福音書一二・一三―一七

マルコによる福音書では、主イエスはご生涯の最後の時、敵対者たちが多くいるエルサレムに入城されました。そこで主イエスは、いろいろな事件に遭遇されましたが、その場でとても大切なことを教えられました。「皇帝のものは皇帝に」もその中の一つです。

この事件・論争のきっかけになったのは納税に関することでした。ローマの皇帝に税を納めることを主イエスはどう判断するかという問答でした。当時のエルサレムは、ローマの総督によって治められていました。税は、ローマ帝国に納めました。その税をユダヤ人に請け負わせていました。主イエスの答えは具体的でした。まずデナリオン銀貨を持ってこさせました。一デナリオンは当時労働者一日の賃金でした。そのコインには皇帝の像と名前が刻まれていました。それは、皇帝ティベリウスの像ではなかったかと推測されています。

主イエスに対する質問は、言葉じりを捕らえて陥れようとする下心のあるものであった、と聖書は記しています（マルコ一二・一三、一五）。その意味は、税金を納めるようにと返事をすれば、民衆

の反ローマ的感情に反し、民衆の信頼を裏切り、民衆の敵となることを意味していました。民衆の意に即して、税を納めないようにと言えば、それはローマに対する反乱を意味します。その場でローマ軍によって捕らえられ、処刑されるかもしれませんでした。どちらの返事も質問者の思うつぼだったのです。しかし、主イエスの答えは、彼らの意表をつくものでした。「皇帝（カイザル）のものは皇帝に、神のものは神に」、でした。

この主イエスの答えは、政治の意味・役割を認めたものです。しかし、政治が宗教に代わるとか、政治権力を握っている人が神に代わるべきというものではありません。あるいは宗教が政治に優先し、宗教が政治に代わったり、宗教が政治を支配するといったことにも反対しています。主イエスの立場は、単純化していえば神政政治、宗教一元論（いわゆる原理主義）ではありません。具体例を挙げれば、前者の例は、スターリンやヒトラーの独裁政治が考えられます。後者の例は、最近の例でいえば、アフガニスタン、パキスタンを活動の場とするタリバンなどのイスラム原理主義に典型的にあらわれています。

主イエスの答えはそれだけではありません。政治的次元から少し離れて考えると、さらに別の局面も見えてきます。人間が自分自身の思想、判断、希望、とりわけ欲望を神とする、絶対的なものとするという態度も、神でないものを神とすることになるのではないでしょうか。その反対に、私たちに良心に基づく自由な判断をゆるさないこと（良心の自由、信教の自由を否定すること）も神のものを神にすることにならないのではないでしょうか、例えば、自由の基本的権利といわれる表現の自由、出版の自由を無視したり、それに反することを強要することは、この主イエスの考えに反すると考えられます。

そこまで問題を広げて考えると、この主イエスの教えを正しく受け止め、それを実践することは容易ではありません。とりわけ、自らを絶対化しないことは容易ではありません。なぜなら「人間は自分自身の方に曲がっている」（ルター）、つまり自らを絶対化する罪を持っているからです。

44

隣人となること

善いサマリア人の譬え話

――ルカによる福音書一〇・二五―三七

善いサマリア人の譬《たと》え話は新約聖書を代表するよく知られた譬え話です。二七節に「心を尽くし、精神を尽くし、力を尽くし、思いを尽くして、あなたの神である主を愛しなさい」と神への愛が語られています。そして「隣人を自分のように愛しなさい」という隣人愛が教えられております。この二つの愛の教えは、キリスト教の最も中心的な教え、あるいは聖書を代表する教えといってもいいかもしれません。しかし、神を愛するということと隣人を愛するということ、これは考えてみるとあらゆる宗教、思想、世界観にも通底する重要なそして普遍的な教えのように思えます。しかしどういう思想を説いても、どのような宗教を説いても、隣人愛として、それが誰《だれ》にもわかるような形で実践されていなければ、その宗教、思想は力を持ちません。この教えの後に続いている譬え話、善いサマリア人の譬え話は、その隣人愛について語っています。律法の専門家による「わたしの隣人とはだれですか」という問いに始まり、そして「だれが追いはぎに襲われた人の隣人になったと思うか」という主イエスの問いが最後の問いに至るまで大変具体的になされております。その最後の問いからすると、

「あなたも同じようにしなさい」と隣人愛を具体的に教える前に、むしろ基本的なことの一つとして、隣人とは誰か、誰が隣人になったかということを問題にしているように思います。その点に注意しながら、この譬え話を見てみたいと思います。

エルサレムから二十数キロ東のほうに行ったところに、エリコという古代から有名な通商の要衝の町がありました。そこへ行く途中で追いはぎに襲われて、持ち物を強奪され、半殺しにされた人がいました。そこをまずユダヤ人の祭司が通りかかり、その後レビ人が通りかかったとあります。祭司というのは、ユダヤの社会ではエリートに属する人です。宗教的指導者であり、身分的にもエリートというわけです。その下に仕えるのが、ここでいうレビ人です。これらの人々は、半殺しにされた人を見ると、道の向こう側を通って行ってしまいました。これは、祭司は死体に触れてはならないというきまりに従ったのかもしれませんし、面倒なことに関わりたくないということかもしれません。最後に来たのは、サマリア人でした。サマリア人は、実はユダヤにとっては宗教的な敵でした。ユダヤの社会では異端と見られた部族に属していた人です。ところが、そのサマリア人は追いはぎにあったおそらくはユダヤ人であった人を介抱して、その上、銀貨二枚――これは今の日本の円に換算すると、数万円になるでしょうか――を渡し、費用がもっとかかったら帰りに払いますと言ったのです。

主イエスは、この譬え話で誰が隣人になったかと、隣人になった人を答えさせて、あなたも同じよううに助けを必要としている人があれば、誰であっても、その人を助けなさい、そして隣人になりなさいと言っています。大変わかりやすい話です。困った人を助けるということが、隣人愛、キリストの愛だということがここで教えられていると思います。

しかし先ほどお話ししましたように、それだけではなく、この譬え話において、最後に誰が隣人になったと思うかという問いが明らかにすることは、主イエスにとって、あるいはこの譬え話において、祭司であろうとレビ人であろうと、宗教的に異端者といわれる人であろうと、すべての人がすでに隣人であったのではないかということです。ただ問題なのは、隣人になること、隣人であるということを確認することではないかと思われるのです。このことが、聖書のメッセージとして、主イエスがこの箇所に限らず私たちに告げておられる大変重要なことであり、そして今日、大変大きな意味があるのではないかと思います。なぜならば、皆さんにとっても、私にとっても同じ民族、同じ学校、同じ町、隣近所に住んでいる人、向こう三軒両隣の方、それが普通隣人であります。よく知っている人、クラスメート、あるいは同窓生、自分にとってプラスになる人、そういった人には人間として当然親近感を持ちますし、困った時に助けるという気持ち、つまり小さな、あるいは大きな隣人愛が行われる対象になります。

ところで、主イエスにおける隣人はどうであったでしょうか。宗教の違い、宗教的な敵対者はもちろん、すべての社会的な階層を越えて、すべての者が隣人でありました。それゆえ、隣人になるということが主イエスが律法の専門家に出された問題であったのです。

今日の世界において、宗教の違う、あるいは出身地の違う人と、交通手段の発達というだけではなく、いつでも私たちは隣人になる可能性を持っています。ですから出身や、社会的な違いによって、隣人とせず、人を差別するということが、人間の常識からして、また人間の普遍的な価値観からしてどんなにおかしいかということがわかるのではないかと思います。しかし、現代においても、同じ民族であっても敵対している現実がありますし、私たちは偏見や差別によって隣人であることがいかに困難であるか、しかし隣人となることがいかに大切なことであるかを知らされています。

つい先日、私たちはイースター、教会でいう復活節を迎えました。主イエスは十字架にかかり、復活するという形で、すべての人間の救いを成し遂げられたのです。そのことがこの物語の背景にあるのではないでしょうか。聖書の神は、すべての人間を造られました。そのことにより、すべての人間が同じ価値を与えられていました。しかも主イエスの十字架と復活によって、すべての人が救いの対象になりました。それゆえ、主イエスにとっては、すべての人が隣人であり、そのことを確認するということが重要でありました。そのような背景において私たちに主イエスは、いま私たちのそばの困っている人々を助けるということ、またそれぞれの生活の場で隣人になることが大切だと、教えておられるのだと思います。

45 キリスト教の三つの基本

三つの誘惑

――マタイとルカによる福音書四・一―一一

福音書によりますと、主イエスは悪魔から誘惑にあわれた、しかもマタイとルカによる福音書には三度も誘惑にあわれたと記されています。どんな誘惑だったのでしょうか。

まず悪魔というのは、主イエスがこれから伝えようとする、あるいはこれから語ろうとする福音の本質に関わるものでした。その本質というのは主イエスが考え、行おうとしておられたものです。そのように主イエスがこれから語り、また、なそうとしていたものを曲げようとするもの、否定するもの、福音の本質とは違うものをもたらすもの、それが悪魔であると考えることができます。

そのように考えてみますと、私たちにとっての誘惑とは、私たちが、ないしは人間がといってもいいですが、個人としてあるべき、個人としてなすべきこと、語るべきこと、そういうことをさせないということです。あるべき事柄をあるべき状態にさせない、あるいはなすべきことをさせない、語るべきことを語らせないで、その反対の方向に導こうとするもの、それを誘惑と考えてはいかがでしょうか。また、それが悪魔だと考えていいと思います。それは反理性的なものでもあると考えてよろしいのではないでしょうか。私たちにとって悪魔というのは、要するに人間として、私たち一人一人の個人として、あるべき、なすべき、語るべきこと、その本質から引き離そうとするものです。あるいは本質とは反対の方向に導こうとするもの、それが悪魔でありまた誘惑であると考えることができると思います。まさにそのようなことがここに三つ書かれています。

この三つの誘惑とは、救い主イエス・キリストが、あるべき、なすべき、語るべきこととは反する方向に、それとは違う方向に導こうとしたものです。宗教改革者のルターは主イエスがいるところで悪魔の誘惑が明らかになると考えました。端的に申しますと、聖書に出てくる悪魔とか悪魔の誘惑は、イエス・キリストとその教えを否定することです。キリストなしに悪魔なしというのが、宗教改革者ルターの考えでした。というわけですので、この三つの誘惑を学ぶことによって、キリストに出会うこと、キリストに至る道は何かを学ぶことができます。

さて、第一の誘惑です。キリストが荒野で四十日四十夜の断食をしたということですので、それは非常に空腹を覚えられていた時のことです。パンが必要であったのです。石をパンにするという奇跡を行えばよいではないか、と悪魔は言います。パン、食糧、これは人間が生きていくためになくてはならないものです。食糧だけではありません。パンは、生きていく上で必要なもの、つまり衣食住、お金、才能、健康、私たちが生きていく上でなくてはならないものすべてを意味しています。それらを提供して宗教を広めたらどうかという誘惑です。それはご利益宗教といえるかもしれません。キリストはそのような宗教、そのようなものを提供する救い主であることを否定なさったのです。そして「人はパンだけで生きるものではない」と言われました。

パンだけで生きるものではない。これは今日私たちにも理解できる重い言葉ではないでしょうか。それではパン以外の何によって生きるのでしょうか。アウグスティヌスは、「神のふところ、キリストに憩うまでは私たちは休息を得ることができない」と言いました*。キリストは、「神の口から出る一つ一つの言葉で生きる」と旧約聖書（申命記八・三）に書いてある言葉を語りました。神の口から出る一つ一つの言葉というのは、神の言葉としての聖書、神の言葉としてのキリスト、そしてそのキリストを私たちの所にもたらし、あるいは私たちをキリストの所へ連れて行く神の言葉としての説教のことです（ルター）。

キリストは「主の祈り」として、「わたしたちに必要な糧を今日与えてください」と教えてくださいました。人間が生きていく上で大事なもの、日常生活に必要なものの大切さを認めておられます。しかし、それだけが人間にとってすべてではないと、まずそのことをはっきりと言われました。「人間は考える葦である」と言ったのは有名なパスカルです。キリストに至る道、キリストを見いだす最初の道は、人間にしか与えられない知識、理性、感情、意志、判断、信頼などを用いて考えるということです。有名なロシアの文豪ドストエフスキーはその小説を通して、自由に考える、自由に選ぶ、ということの大切さを強調しました。そして、三つの誘惑は、世界と人類の歴史を占うものとさえ言いました。** 今日の私たちにとっても、大切なのは知識や理性を大切にし、自由に反しない、それらを否定しないことです。しかし、さらに重要なことは、それらを越えて働く方、キリストを知ること、キリストを求めることです。つまり、神の言葉である聖書、説教、また証しによってキリストに出会うこと、キリストを信じ生きていくこと、それが自由に生きることの基礎であり、キリスト教信仰の中心なのです。

第二の誘惑では、悪魔は「高い神殿の上から飛び降りたらどうだ、旧約聖書に『神が命じて天使たちの手で支えてくれる』と書いてあるではないか」と主イエスを誘惑しました。キリストは、「神を試してはならない」と言って、その誘惑を拒否しました。私たちの間でも、相手の愛や信頼を試すということがあります。しかしそれは、本当は相手を試すのではなくて、自分にとって都合の良い相手であることを望んでテストしているといってよいのではないでしょうか。相手を自分にとって都合の良い道具にすることのあらわれが、相手を試すということなのです。アウグスティヌスは、罪を自己愛（amor sui）と言い、ルターは、人間が自分自身の方に曲がっていることを罪だと言いました。自分にとって都合の良い神、都合の良い宗教ではなくて、その宗教が自分を生かし、本当の自分にしてくれるものであることが大切でしょう。重要なことは、私の欠けと必要なものとを一番よくご存知の神を信じる、救い主キリストに出会うことではないでしょうか。人間の都合に神を合わせる宗教となることをキリストは拒否されたのです。

最後の第三番目の誘惑は、「この世の栄華、国々の繁栄ぶりを見せて、もしそのような繁栄を作りあげる国家権力や武力、財力を拝むなら、それを与えよう」というものでした。キリストは国の政治や経済などの力を借りることを拒否し、「退け、サタン」と言われました。今日もなお、宗教集団や信仰団体にとって一番の誘惑は権力の力を借りるということかもしれません。そのことは世界史を見ればわかりますように、すべての宗教にとって、キリスト教にとっても大きな問題でした。しかし、キリストはここでも政治の必要性を前提にして、しかし政治権力にひれ伏し、それを拝むことを拒否しています。そして主イエス・キリストの父なる神を拝み、仕えるworship（ひれ伏して拝む）、service（仕える）、worship service（拝み仕える＝礼拝する）ことを求めています。キリストの父なる神を礼拝することがキリスト教のあり方である、キリスト教は礼拝する宗教であるとキリストは言われているのです。宗教改革者ルターは、次のように言っています。「礼拝において語られる説教によって、私たちはキリストのところに連れていかれるか、あるいは説教によって私たちのところにキリストが連れて来られるかするのである」。

それでは、イエス・キリストは、神に仕える生き方をどのように教えているのでしょうか。マタイによる福音書二五章四一節からです。四四節、四五節を見てみます。「すると、彼らも答える。『主よ、いつわたしたちは、あなたが飢えたり、渇いたり、旅をしたり、裸であったり、病気であったり、牢におられたりするのを見て、お世話をしなかったでしょうか』そこで、王は答える。『はっきり言っておく。この最も小さい者の一人にしなかったのは、私にしてくれなかったことなのである』」。これが、主イエスが、私たちに示された神に仕える生き方の一つの姿です。最も小さい一人一人が主イエスだといわれているのです。ここで最も小さい者として挙げられている人たちのどれか一つに、私たちを含めて、すべての人間が該当しているように思います。牢に入れられるということは、一般的ではないでしょう。しかし、身体を束縛され自由を奪われることと理解しますといろいろな場面が考えられます。また、病気にかからない人間はおりません。旅をしていて困るということもあるでしょう。そこでは助けを必要としていることがあります。助けを必要としていると考えますと、すべての人間が、多かれ少なかれ助けを必要としています。その中でも、喉が渇く、水分が欲しいというのは、比較的多くあることでしょう。この箇所で重要なのは、とにかく、助けを必要としている人が最も小さい人と呼ばれていることです。水を飲ませるという小さなことから、牢獄の人を見舞うということまで、さまざまな仕える人の姿が語られているように思われます。しかし、ここで主イエスが言っているのは、助けを必要としている人を助けてあげなさい、それは隣人愛というだけでなく、そういう助けを必要としている人その人が、主イエスご自身なのだということです。

さらにご一緒に注目したいと思うのは、キリストと見なされている最も小さい人すべて、ここに記されているキリストの救いを必要としている人すべては、そういう人々のために主イエスが十字架につかれた罪人なのです。牢にいる人は、多分犯罪人でさえもあるでしょう。それにもかかわらず、そういう人もキリストと見なされているということはどういうことでしょうか。そこに十字架によって、私たちの罪を贖《あがな》い、復活によって救いを全うされた神の救いのみ業、主イエスの愛のあらわれを見る思いがいたします。主イエスによる救いの愛によって、そのような罪人一人一人が主イエスと同じ者、主イエスに代わる者と見なされているということになります。創世記には人間が神の似すがたとして創られたことによって、一人一人が同じ創造の愛を受けていると、記されています（創世紀一・二六―二八）。それに対して、十字架と復活の主イエスの救い、罪の赦《ゆる》しの愛のゆえに、一人一人を小さいキリストと見ているのです。これはいわゆる人間の尊厳とか、人間の価値といった言葉では表現できない、それ以上の事柄です。これが、聖書が告げている神の愛、主イエスの愛です。驚き、恐れ、感謝して受け入れるのが私たちの信仰です。

＊　聖アウグスティヌス『告白』（上）、服部英次郎訳、岩波文庫、一九五九年、一〇頁。
＊＊ドストエフスキー『カラマーゾフの兄弟』2、亀山郁夫訳、光文社古典新訳文庫、二〇〇八年、二六五頁以下。

46

幸いであること

山上の教え 一

――マタイによる福音書五・一―一二

山上の教えは、冒頭で幸いについて記しています。A Happy New YearのHappyという言葉に対応する言葉です。ここではマカリオスというギリシャ語が使われています。マカリオスというギリシャ語の中には、私たちが普通、幸いと言っている三つの意味が含まれているようです。しかし、私たちがこの三つの幸いの意味を十分理解しているようには思えませんし、またとくにここに記されているような幸いということは、あまり普通は考えられていません。第一の意味はHappyということです。A Happy New Yearと言う時には、HappyにはA家内安全、商売繁盛、無病息災を願うという意味があります。あるいは受験に合格する、結婚するということが、幸いの条件ということになるでしょう。それも重要な幸いです。私たちの身近な幸福の条件です。しかし、マカリオスは、Happyという意味だけではありません。二つ目の意味に、fortune、fortunateという意味が含まれています。これは運命的な良いこと、幸運という意味です。最後に三つ目の意味は、bless、blessingです。祝福、恵みという意味です。とくに神が祝福するということです。このblessingが山上の教えでいう幸いということになります。私たちが幸いを考える場合には、意識しなくてもこの三つの幸いを多かれ少なかれ考えています。つまり、この三つの種類の幸いは、人間が必要としている「幸い」といえると思います。

その三番目のblessingというのが本日のテキストでいっている幸いです。そこでこの幸いの意味については、聖書から学ぶ以外にないと思います。少なくとも、聖書のみが私たちに伝える最上の幸い、blessingがここに書かれているのです。

まず「心の貧しい人々」に対する幸いが語られます。英訳聖書の欽定訳や改訂訳（RSV）などではpoor in spiritとして、poorとspiritという言葉が使われています。これは霊において貧しい、つまり信仰の貧困さを意味しています。しかし、信仰において貧しい者が幸いであるとはどういうことでしょうか。人によっては神の前で謙遜であることという理解をする人もいます。いずれにしても、心の貧しい、神の前で自らの信仰が貧しい（乏しい）と自覚するということが、人間の第一の幸いだと言っています。

次に、悲しむ人々mournに対する幸いです。死にあってそれを悲しむ、あるいは人が苦しんでいるのを見て心を痛める、これも人間として大変重要な要件の一つでしょう。悲しんでいる人が幸いであると告げられています。

第三は柔和な人々の幸いが語られます。この柔和な人々というのは、英語ではmeekという言葉が使われています。従順、優しいという意味を持っている言葉です。

第四に、義に飢え渇く人々の幸いですが、hungerとthirstyという言葉を使っています。飢え渇くほどに正義を求めるということです。これは人間として大変重要なあり方でしょう。しかし興味深いのは、義に飢え渇く人々が幸いであるというその前に、柔和な人々、その後には憐れみ深い人々が入っていることです。おそらくこれは、柔和で憐れみ深い心を同時に持ち合わせての、義に飢え渇くということでないと、極端な言い方ですが、正義追求するのに手段を選ばずということでテロになってしまうことも考えられます、主イエスはまことの平和をもたらすためにこのような順序で語られたのだと思います。この順序は、イエスの教えの深みを思わされます。柔和であり憐れみ深い人であってはじめて、義を求め、実を結ぶような義を行うということでしょうか。建設的な正義とは何かということを教えています。

六番目には、心の清い人々、pure in heartとなっています。そして、平和を実現する人々には文字どおり、peacemakerという言葉が使われています。そして最後に義のために迫害される人々の幸いが語られています。

この八つの事柄が、主イエスがここで述べている幸いです。最後に一一節がありますが、これは後から付け加えられたものではないかといわれています。

この八つの幸せが、私たちが聖書から学び教えられる幸せです。このすべての幸いを主イエスご自身が語られたことが重要です。なぜなら主イエスは、この幸いを実現するために、この世に来られ、十字架にかけられました。十字架にかけられた主イエスによってしか実現されない幸いであるからです。皆さんは新年を迎え、今年がA Happy New Yearであるように願います。しかし、私たちがこの礼拝堂において、ご一緒に聖書から学ぶ幸せは、幸せの三つの意味のうち三番目のblessingという幸せ、神から主イエスを通して与えられるものです。共に聖書を読むという形を通して、私たち人間にとって必要なことを学び、神からの幸せを与えられたいと思います。

47

人格を手段として扱うな

山上の教え 二

——マタイによる福音書五・二一、二三、二七、二八、四三—四八

「殺すな」、「姦淫《かんいん》するな」。これはいずれもモーセの十戒の教えであり、戒めです。モーセの十戒というのは、ユダヤ教とキリスト教、すなわち旧約聖書全体が教えているキリスト教の教義と倫理の基本をなすものです。またこの十戒の後半に示されております、「殺すな」「姦淫するな」「盗むな」は倫理の最小限の規範を示しています。キリスト教から見ると最大の規範は、「隣人を愛せよ」、自分を愛するように隣人を愛せよ、さらに敵を愛せよということになります。この最小と最大の二つの規範の間において何をするかということは、神と私、神に対する一人一人との自由の責任の問題だといっていいでしょう。つまり、二つの規範以内のことは自由に判断するということです。自分を愛するように隣の人を愛するという最大限の愛には、敵を愛するということがあります。その隣人愛と殺すな、姦淫するな、盗むなといった事柄、つまり最高の目標と最小限してはならないことが聖書に教えられているのです。

さて、山上の教えではモーセの十戒の「殺すな」ということについて、ここでは三つのことが言わ

れています。「兄弟に腹を立てる、兄弟にばか者と言う、兄弟を愚かと言う」の三つです。これは殺すなという最小限してはならないことを主イエスはさらに深め徹底させて解き明かしたということができます。腹を立てる、ひどく腹を立てれば殺害に至る。怒りが高ずれば人を殺すということになるということを、私たちは理解することができます。

しかし、次のばか者と言うことが、裁判所で裁かれるべき重大な犯罪行為であるとか、人を殺すに通じることになるとは理解できません。ばか者と言うことがなぜ「殺すな」ということに結び付くのでしょうか。それはばか者と言うことは、人間だけに与えられている理性の力、人格の中心的な営みを否定することになるからです。そのように、人間の尊厳を尊重することに関わる大変重大な教えともいえます。

カントという哲学者は、近代世界の倫理について二つの断言的な命令を主張しました。その一つは、今日においても世界に通じる近代の共通の価値観です。「人格は常に目的として扱い、手段として扱ってはならない」という命令です。山上の教えのとくにこの教えは、人格を目的として扱うことにまで展開してくる教えだと思います。有名な神学者カール・バルトは、カントが山上の教えをそのような形で哲学的に表現したと言っております。カントの倫理観は、山上の教えを敷衍《ふえん》したものといってもいいでしょう。今日人間の尊厳ということが言われていますが、山上の教えにおける主イエスのこの言葉ほど、人格の尊さを言った表現はほかにありません。それをカントは「人格を目的として扱い、手段として扱うな」と言ったのです。

その次に、「愚か者」ですが、これは宗教的な事柄です。あなたは神を信じない、キリスト教であればキリストを信じないというように、他の人を無神論者だと宗教的に非難することです。他の人の宗教、信心を否定することは、「火の地獄に投げ込まれる」というのですから、宗教的な人格の否定に対する非常に厳しい非難ということになるでしょう。

私は、この言葉が、今日の宗教の共存、信教の自由を基礎付けている大変重要なものであると思います。その理由は、なぜ主イエスは、こういうことをおっしゃったのか、その理由を考えることによってある程度わかるように思います。キリスト教に関連していえば、キリスト者でない他の人に向かって、あなたは神を信じない、主イエスを信じないということを言うことは、キリスト者として当たり前のことではないかという感じがします。しかし、主イエスは信仰の審判者になることを非常に厳しく諌《いさ》められておられるのです。なぜでしょうか。その理由を理解する鍵は、聖書にある次のような言葉です。「キリストは不信心な者のために死んでくださった」（ローマ五・七）、「いまだかつて、神を見た者はいない。神のふところにいる独り子である神、この方が神を示されたのである」（ヨハネ一・一八）、「あなたがたは「イエスを」十字架につけて殺してしまった」（使徒二・二三）、「あなたがたはこのイエスを……拒みました」（使徒三・一三）。これらの聖書にある言葉を基準にしますと、主イエス以外の者が、「自分は神を信じている、あるいは主イエスを信じている」と言って他の人を裁くことはできません。「あなたは神を信じていない」、「主イエスを信じていない」と言えないし、言ってはいけないということです。主イエスほど完全に神を信じている者はいませんし、むしろ主イエスによってはじめて神が明らかにされたのです。神を知らず、神を否定する人のために主イエスは来られたのです。そのことを前提にすれば、キリストに代わって他の人を「あなたは神を信じない」「キリストを信じない」と裁くことはできないというのはわかるように思います。

そして次に「姦淫してはならない」ということです。この姦淫してはならないというのは二八節に書いてありますように、他人の妻を犯すということに関係しています。結婚における男女の誠実性を問う倫理だと考えていいかもしれません。聖書は男女の愛につきましては、旧約聖書の雅歌以外に正面からあまり語っていないと思います。つまり、男女の愛はすべて隣人愛として考えられているといってよいでしょう。また、この箇所では殺すなという文脈の中で考えられていると思います。つまり、先ほどお話しした兄弟に腹を立てるとか、ばか者と言うという人格を否定することとも関係しています。このように考えてみますと、この男女の愛において、男性女性それぞれにとって、最も厳しく、強く理解し、反省し、気を付けなくてはいけないことは、相手を自分の手段、道具にしてはいないか、道具にしてはいけないということです。

人間にとって最も強い欲望の一つが男性と女性の間の愛にあります。その時に、その欲望によって、彼は彼女を、彼女は彼を自分の道具にしていないか、手段にしていないかということを厳しく吟味しなければなりません。殺すなということで主イエスの教えられた事柄を、姦淫するなという男女の間の愛に当てはめてみますとこのようなことになるように思います。またこのように考えることで、私たちは聖書が教える人間の普遍的な倫理に当てはまる形で男女の愛を考え、また男女のあり方を正しく保つ規範を明らかにすることができるように思います。山上の教えでは、殺すな、姦淫するなということについて、このように一貫して、人間の人格を重視する普遍的な倫理が教えられています。

48 敵を愛せよ

山上の教え 三

——マタイによる福音書五・四三—四八

これも山上の教えといわれる聖書で有名な教えの一つです。最初に旧約聖書レビ記と申命記にある「隣人を愛し、敵を憎め」（レビ記一九・一八、申命記七・二など）という言葉があります。これはある意味では、私たちにとってもわかりやすい人間の自然な感情を言っています。「隣人を愛し、敵を憎め」というのは、自分にとってプラスになる、あるいは都合の良い人を愛し、そうではない人は敵であり、憎めということです。まことにもっともな話であるし、よくわかる話でもあります。しかし、主イエスは「敵を愛し、自分を迫害する者のために祈りなさい」と、教えています。敵を愛するということは簡単なことではありませんし、私たちにはできないでしょう。

この言葉の後、主イエスが話されている短い言葉には、大事なことが語られているように思います。「父は悪人にも善人にも太陽を昇らせ、正しい者にも正しくない者にも雨を降らせてくださる」。きょう天気になったのは日頃の行いが善いのだと、私たちはしばしば言いますが、しかし、ここで主イエスは、善人にも悪人にも太陽は輝き、潤し、うっとうしい雨は善人にも悪人にも降るというのです。

そして、「自分を愛してくれる人を愛したところで、あなたがたにどんな報いがあろうか」と言われます。

犬猫に限りませんが、ペットを飼ったことがある人はよくおわかりでしょう。私も長い間犬を飼ってきましたけれども、よくなつきますと、犬にしても猫にしても、飼い主には挨拶をする。親愛の情をあらわします。つまり、自分を愛してくれる人を愛するというのは、犬や猫の次元といいましょうか、その類のことだということを主イエスはここでお話しになっています。このこともよくわかるように思います。そういうことから考えると、犬や猫の次元でなく、人間が人間になるということは自分を愛する人だけを愛するのではないということにもなってくると思います。

この聖書の箇所を読みまして、いつも思い起こすことがあります。それは日本で長い間活躍しているカトリックの神父A・デーケンという方の話です。それは第二次世界大戦中のことです。この方はかつての東ドイツの出身で、この方のお祖父さんは、ヒトラーに抵抗して、レジスタンス運動をしていました。その頃、アメリカ軍を中心とした連合軍が、ヒトラーの弾圧、専制主義の支配からドイツを解放するために、東ドイツに解放軍として入ってきました。そのアメリカ兵が彼の家の庭に足を入れた時に、ヒトラーへの抵抗運動をしていたお祖父さんは、あふれんばかりの喜びの表情で、迎えに庭に出ました。アメリカ兵をヒトラーの弾圧、支配からの解放戦士として迎えようとしたわけです。ところが、当時まだ子供だったデーケンさんの目の前でアメリカ兵は、お祖父さんを銃で射殺したのです。

デーケンさんは激しい内心の葛藤を感じながら部屋に戻りました。日頃心の支えにしていた聖書の中に「汝の敵を愛せよ」という教えがある。この教えを守ることができるのだろうか。祖父を無意味な死に至らしめた、あの敵の兵士たちを愛することができるのだろうか。

連合軍兵士が近くの家々の中を探りながら自分の家に近づいて来る。どうすればいいのか……。兵士が家の中に入ってきました。この中につい今しがた祖父を射殺した者がいるかもしれない。デーケンさんは決心し、兵士に手を差し伸べて英語で言いました。「Welcome!（ようこそ）」と。

デーケンさんはこのアメリカの兵士を愛するということまではできなかったでしょう。しかし、この主イエスの言葉によって、敵討ちをすることは思いとどまったのです。その時、心の中に大変な葛藤があったと思います。アメリカ兵を射殺しなかった心の戦いというのは、デーケンさんにとってどれほど大きな心の糧になったかと思われます。この経験によって、デーケンさんはキリストに仕える決心をしたといいます*。

山上の教えでは、愛についていろいろな形で教えています。その教えは、私たちにとって善き行為へのきっかけになり、模範にもなるでしょう。しかし、この教えは、主イエスが十字架につかれるという出来事によって窮極の姿をとって具体化されました。この主イエスの愛にうながされて、私たちは、隣人を愛することを志すことになります。主イエスの愛に押し出されることによって、少しずつ私たちの心が培われ、養われていくのではないかと思います。

＊曽野綾子、アルフォンス・デーケン『旅立ちの朝に――愛と死を語る往復書簡』新潮文庫、二〇〇六年、「敵の兵士に手を差し伸べた日」参照。

49　悔い改めよ

——ルカによる福音書一五・一—七

十月三十一日は、宗教改革記念日です。一五一七年に宗教改革者のマルティン・ルターが、ヴィッテンベルクにある城の付属教会（チャペル）の扉に、カトリック教会のあり方について九五箇条の提題を掲げました。これによってカトリック教会に対する宗教改革運動が始まりました。そして宗教改革運動の中からプロテスタント諸教会が始まりました。そのプロテスタントの諸教会の流れの中で、東北学院も設立されています。そういう意味では、プロテスタントとしての本学院にとっても重要な日であり、また宗教改革であるということがいえるでしょう。

この宗教改革は、先ほど言いましたように、九五箇条の提題によって始まりました。九五箇条の第一提題の発端にあるのが、「悔い改めよ」という言葉です。そこにどのように記されているかといいますと、「私たちの師にして主であるイエス・キリストが悔い改めよと言われた時に、それによって主イエスは、キリスト者の全生涯が悔い改めであるべきことを求めておられたのである」とあります。マタイによる福音書四章一七節の「悔い改めよ。天国は近づいた」という言葉が引用されています。

きょうはその悔い改めについてルカによる福音書一五章一―一七節から学んでみたいと思います。

ここでは悔い改めということが、中心的な問題として取り上げられています。悔い改めるという事柄が、キリストの愛、神の愛に関連して語られています。


「徴税人や罪人が皆、話を聞こうとしてイエスに近寄って来た。すると、ファリサイ派の人々や律法学者たちは、『この人は罪人たちを迎えて、食事まで一緒にしている』と不平を言いだした。」（ルカ一・一―二）

罪人というのは、私たちにとっては好ましくない人物です。罪人だけではなく、正しくない、良くない、あるいは美しくない、要するに、人間が目で見てプラスの評価ができない、外見上罪人だと思われている、外見上見苦しい、あるいは外見上見栄えが悪いとか、きれいでないとか、そういう人に対して、私たちはあまり好意を持ちません。愛さないといったほうがいいでしょう。それに対して、見栄えするもの、正しいと思われているものについて、私たちは好ましいと思いますし、愛さなくてもプラスの評価をします。

有名な古代の哲学者にアリストテレスという人がいます。彼の『ニコマコス倫理学』は、紀元前数百年前のものですが、今読みましてもすばらしい書物です。そこに愛について書いてあるところがあります。「よき人とよき人の間において、相手のよき人がよき人である限りにおいて存続する愛それが人間の愛（フィリア）である*」。人間の愛について適確に語っていると思います。しかし、本日のテキストは、そうではなくて、徴税人や罪人といわれる当時の社会でさげすまれたり嫌われていた人々に対して、主イエスの愛がそそがれていることが語られています。ここに、エロースあるいはフィリアといわれたりする人間の愛と、アガペーといわれるイエス・キリストに示されている神の愛との対比がはっきりと出ているように思います。

実は本学院のルーツに関わる宗教改革者ルターは、神の愛と人間の愛ということについて論争しています。九五箇条の提題の翌年に、ルターはハイデルベルクで彼の属する修道会のハイデルベルク討論に参加しました。そこでルターは自ら二十八の命題を掲げて論じました。その最後のところで、ルターは人間の愛と神の愛を比較しています。人間の愛はよい人、美しい人、正しい人に対して向かうのに対して、神の愛は、見栄えのしない人、正しくない人に向くと言っています。これが、ルターが取り出した神の愛と人間の愛の比較です。それはアガペーとエロースの違いということです。

二十世紀に入って、一九三二年、スウェーデンのニーグレンという人が有名な『アガペーとエロース』という本を書きました。その書物を書くきっかけになったのが、このハイデルベルク討論のルターの言葉です。ルターがアガペーとエロースという言葉を使ったわけではありませんけれども、ニーグレンはこの本の中で、ルターはこのハイデルベルク討論において、アガペーとエロース、すなわち、神の愛と人間の愛について、コペルニクス的改革をしていると言っています。

本日の聖書の箇所で、聖書はもう一つ大事なことを言っているように思います。「悔い改める一人の罪人について……喜びがある」「九十九人の正しい人についてよりも大きな喜びがある」と言っていることです。これが一番大事なところです。先ほど、九五箇条の提題の第一に、キリスト者の全生涯が悔い改めであるべきことを求められておられたのであると言いましたけれども、反省とか後悔という点から考えると、キリスト者だけではありません。人間すべてが反省を必要としております。一人の人間個人だけではありません。企業すべてがそうでしょう。学校もそうです。学校の授業改善、あるいは学校の何々の改革、すべてこれはある意味では悔い改めに通ずる比喩になります。一人一人の悔い改めなくして改革なし、ということがいえるのです。しかし、なぜ悔い改めをしなければならないのでしょうか。

改革のために、もっと良くなるために、ということはわかりますが、ここではもっと大事なこと、もっと別なこと、あるいはアガペーとエロースということに関連して注目すべきことが書かれております。先ほど言いましたように、悔い改める一人の罪人については、九十九人の正しい人についてよりも、もっと大きな喜びが天にある、悔い改めるということを神はどんなに喜んでいるか、九九対一の割合で喜んでいると、そう言われているのです。ですから、全生涯が悔い改めであるべきことだということは、悔い改めるということが神の喜びだという重要な宗教的な意味の重さがあるのです。悔い改めるということは、悔い改める者にとってそれ自体は喜びではありません。自分自身について悔い改めるということは、心の痛みを伴うことでもあります。場合によっては、自殺しかねないようなこともあります。しかし、その悔い改めを神は喜ばれる、ということが言われているのです。悔い改めを神が受け止めてくださり、喜んでくださるということを心にとめたいと思います。そこに主イエスの価値観がはっきりとうかがえます。反省だけでなく、生きる方向を神へと向けるのです。そのような神が喜ぶ悔い改めが求められています。これが、私たちの学校のルーツにある宗教改革の始めと密接に関係していることです。

＊アリストテレス『ニコマコス倫理学』下、高田三郎訳、岩波文庫、一九七一年、七〇頁以下。

50　二通りの悔い改め（ペトロとユダ）

――マタイによる福音書四・一二―一七

「悔い改めよ。天の国は近づいた」。この言葉によって、主イエス・キリストが福音を宣べ伝え始めたことが宣言されています。「悔い改め」とは何でしょうか。

聖書には有名な悔い改めの具体例が二つあります。その二大悔い改めの例というのは、キリストの十二弟子の中で起こっているのです。最初の大きな悔い改め、それは十二弟子に最初に選ばれたペトロの悔い改めです。いま一つは、十二弟子の最後に登場するユダの場合です。ユダは、主イエスを裏切った弟子です。しかしペトロに劣らない大きな悔い改め、後悔、反省をしています。この二人ともイエス・キリストを裏切りました。その裏切りに対して、それぞれに大きな悔い改め、大きな後悔をしたのです。

裏切りというのはあまり響きのいい言葉ではありません。しかし私たちは自分にとって一番親しい人、あるいは自分を信頼している人を裏切ることがあります。仮に、自分と親しい人の期待、あるいは希望、信頼を裏切ることがなくても、少なくとも自分自身を裏切ることは多々あることです。それが、人間の本質であるともいえます。むしろ原罪といったほうがいいかもしれません。あるべき、なすべき、語るべき自分自身、そのあるべき、なすべきことを裏切ること、それに反すること、これは自分自身にとっての、自分自身における裏切りといっていいかもしれません。そういう意味で、ペトロにしても、ユダにしても、人間の本質としてそうせざるをえなかったといえるかもしれません。二人とも、イエス・キリストが十字架に付けられる直前に裏切ったのです。ペトロは三度、イエス・キリストを知らない、関係がないと言いました（マタイ二六・六九―七五）。大変な裏切りです。ユダは、銀貨三十枚で、最後の晩餐の夜にイエス・キリストを裏切ったのです。聖書は、主イエスを裏切ったあと二人とも、大きな悔い改め、大きな後悔をしたことを語っています。ヨハネによる福音書によれば、ペトロは復活された主イエスに出会い、ペトロは「湖に飛び込んだ」（ヨハネ二一・七）と記します。イエス・キリストの羊、つまり、使徒として弟子たちをまとめるという役割を担うことを命じられました。ではユダはどうだったでしょうか。ユダは、裏切りの報酬銀貨三十枚を神殿に投げつけて、首を吊って死んだのです。大きな深い後悔をした後、自らのいのちを滅ぼすという結果に陥ったのです（マタイ二七・三―五）。

このことについて宗教改革者のルターは、悔い改め、後悔には二つあると言っています。一つは救いに至る、生き返る、あるいは新しく自分の与えられた生涯を生きていくという悔い改めです。もう一つは死に至る悔い改め、後悔であるというのです（二コリント七・一〇）。ルターはこの二つの例を聖書に従ってペトロとユダに見たのです。このことは、私たちにも当てはまるでしょう。先ほど言いましたように、私たちは他人を裏切ることもあります。他人を裏切ることがないにしても、自分自身を裏切ることはあります。自分自身を裏切るというのは、自分が自分のあるべきあり方について考えていることを裏切ることです。そういう裏切りがあれば、気付いた時に後悔があります。その後悔の後、ペトロのように、百八十度生き方を変えるような、新しい生き方をするのか、それともその悔い改めを契機にして、これではいけないと思いながらも、いけない方向に降りていく生き方をするのか、その選択は、日々私たちに多かれ少なかれあることではないでしょうか。

このようなことが全生涯にわたってあることを、主イエス・キリストはご存知だったのでしょう。したがって、主イエスは福音宣教のはじめに、「悔い改めよ、天の国が近づいた」とおっしゃったのです。また、天の国が近づくということは悔い改めと共にあるのだと言っておられます。わかりやすい言い方をすれば、キリスト教の信仰、その本質である神と人との関係は、悔い改めを接点にしていると理解することができます。天の国が近づいたということは、神がそこにいるということです。その神との関係は悔い改めを接点にしているということになります。ユダの方向に行くのか、ペトロの方向に行くのか、それは私たちの自由意志にかかっているといえます。ただ忘れてはいけないのは、ペトロが自分の自由意志によって弟子の羊を導く者となるような良い悔い改めをしたというわけではないことです。神の力、キリストの愛にペトロの自由意志は動かされたのです。そして悔い改め新しく生きるところでは、キリストご自身がペトロの傍らにいるということをその生涯を通して教えられたのです。

51　キリストを待つ

――マタイによる福音書三・一―三

待降節を迎えています。キリストの誕生をお迎えする時です。主を待つことは、キリストの再臨、再びキリストが来られるのを待つということにもなります。それは、キリストはすでに来られておられるが、私たち誰《だれ》もが依然として救いを必要としており、したがって私たち一人一人に救い主イエスの誕生をお迎えする必要があるということでもあります。

この聖書の箇所にはバプテスマ（洗礼者）のヨハネのことが記されています。バプテスマのヨハネとは、キリストが来られる前に、キリストの道筋を備える役割を果たした人です。最後の預言者といわれています。なぜ最後の預言者というかといえば、この預言者が語った神の言葉はキリストにおいて実現された、あるいは、預言者が語った神の言葉は、キリストを預言する言葉であったといえるからです。つまり、預言者というのは神の言葉を預かっている者で、その神の言葉というのはイエス・キリストなのです。それゆえ、預言者はキリストにおいて終わっているともいえます。これが聖書の語るところです。

さて、バプテスマのヨハネがキリストの到来を述べ伝えたこと、キリストの到来の準備をしなさいということが三章に語られています。七節以下には、「悔い改めにふさわしい実を結べ」、つまり「悔い改めよ」と言ったと聖書は示しています。これはどういうことかというのは、ルカによる福音書三章一一節に記されています。バプテスマのヨハネは、「下着を二枚持っている者は、一枚も持たない者に分けてやれ。食べ物を持っている者も同じようにせよ」と言っています。あるいは、税金を余計に取っている人は余分なものを返せとか、賄賂《わいろ》を取るなということも言っています。要するに、なすべきことをしなさいと言っているのでしょう。聖書が言うなすべきこととは、私たちが普段考えているなすべきことよりも深い意味があると思います。けれども、私たちは、善いこと、悪いこと以上のことはなかなかわからないので、私たちにとってわかっているなすべきことをし、してはいけないことはしてはいけないということをヨハネは言ったということになります。少なくとも、「二枚の下着を持っている人は、一枚を与えなさい、食べ物を持っている人は持っていない人に与えなさい」というのは、主イエスが語り、聖書が説いている隣人愛であり、必要な助けをしなさいということに結び付いている誰もが知っていることのように思います。そして、そういうことをしていなければ悔い改めよ、必要な助けを求めている人があれば、必要な助けをしなさいということになると思います。そのようなことを語ってバプテスマのヨハネは、キリストを迎える準備を勧めたのです。

このバプテスマのヨハネが言った「悔い改めよ」というのは、主イエスが来られて最初に、福音を宣べられた時に言われた「悔い改めよ。天の国は近づいた」と共通していますが、違うところもあります。それではどのような違いがあり、そして私たちはキリストをどのようにお迎えしたらいいでしょうか。先ほど言いましたように、私たちはなすべきことを知っています。それにもかかわらず、なすべき善いことだけをして、悪いことはしないということはできません。つまり別な言い方をすれば、私たちに選択の自由が失われているといってもいいでしょう。この選択の自由が失われているというのは、創世紀に出てきます失楽園が教えていることです。アダムとエバは神から食べてはいけないと言われていた禁断の木の実を食べました。食べてはいけないとわかっていながら食べたということは、まさに自由の意志における堕罪、意志の自由が十分働かなかったということです。それゆえ、なすべきことを選ばなかったということになります。このように、私たちがなすべきことを選ぶことが自分の思うようにはなかなかできないことは、私たちにとって救いを必要としている徴《しるし》であるといえないでしょうか。つまり今日、私たちが主イエスを求めなければならない、また、主イエスが私たちに悔い改めをすることを求めているといえるのです。そのような形で主イエスをお迎えする準備をし、お迎えすることが許されているのです。そして何より、私たちとバプテスマのヨハネと違うところは、主イエスがすでに来ていることです。すなわち、主イエスは、選択の自由において不十分な私たちの罪を赦《ゆる》す方として、新しく生きるほうへの導き手として私たちの前にすでに存在しています。それゆえ、私たちは救い主を必要としてこの待降節を迎えているのです。

ここで、先日私が経験したことをお話ししたいと思います。二十世紀における十人のキリスト教殉教者の一人として知られている人物のことです。二十世紀における十人の殉教者というのは、ロンドンのウェストミンスター寺院の外壁の上に像として設置されている人たちのことです。ディートリヒ・ボンヘファーという人がいます。彼はドイツの神学大学で教える神学者でしたが、一九三九年、第二次世界大戦直前、ニューヨークのコロンビア大学神学部のユニオン神学校にアメリカ訪問中滞在していました。彼をアメリカに招聘《しょうへい》し、アメリカを案内したのは、二十世紀を代表するアメリカの神学者ラインホールド・ニーバーです。ユニオン神学校には、ボンヘファーの部屋というのがあります。その部屋は、コロンビア大学の総長のすぐ近くの部屋です。神の言葉を語り継ぐ二十世紀の証人であったボンヘファーの部屋が総長のそばにあるということは、コロンビア大学にとって一つの重要な意味を持っているのではないかと思いました。

ボンヘファーは、第二次世界大戦直前のドイツに帰国せず、その後もアメリカに滞在していれば第二次世界大戦の時に殉教しないですんだでしょう。しかし、彼は一カ月くらいのアメリカ滞在でヒトラーの支配するドイツに再び帰って行きました。ボンヘファーはその時ニーバーに「ドイツの人々の苦難の中にあって、自分もそこで共に苦難を負うということがなければ、戦後何も語ることができない、ドイツの戦後の復興に役立つことはできなくなるからだ」と帰国の理由を書き送っています。ドイツに帰国した後、ヒトラーへの抵抗運動に加わり、キリストの証人になりました。ヒトラーに抵抗し処刑されました。そのことによって今日、全世界において、ボンヘファーのキリストの証人としてのあり方が知られているのです。先日、コロンビア大学でこのボンヘファーの部屋に案内されたことを思い出した次第です。ボンヘファーはキリストの再臨を待ち望みつつ、いま生きている時代の課題を真摯に受けとめて生きた人なのです。

52 永遠を想う日

――マタイによる福音書一二・三三―三七

昨日の日曜日は、本年のキリスト教の暦では、クリスマスを迎える待降節に入る直前の日曜日でした。それは、教会の暦で「最後の日曜日」と呼ばれています。別の名前で「永遠を想う日」ともいわれます。「永遠を想う」日曜日の前に、「悔い改めて、赦《ゆる》しを乞《こ》い願う日」という日があります。つまり、悔い改め赦しを乞うて、永遠を想うというのが、先週から今週にかけてのことです。

「永遠」といいますと、時間、つまり、過ぎ去りしものに対して、過ぎ去らないもの、不滅なもの、時間を超えていつまでも持続するもの、といった説明ができるかもしれません。ニュートンは、その主著『プリンキピア』の中で、時間的に持続するだけでなく、空間的にどこにもある、いる、遍在する、それが神の永遠性だと言っています。いずれにしても、永遠というのは、一般に時間や空間を超越したものと考えられます。

宗教の世界では、霊魂不滅とか、永遠（永劫《えいごう》）回帰というのが有名です。それらは、ギリシャやインドや仏教の宗教思想として知られているかと思います。昼夜の循環、四季の交代、自然の周期性に刺激され、生命や霊魂が死と再生を繰り返し、生命を繰り返し、新しくなるというのです。輪廻《りんね》とも呼ばれる考えもそれに似たものと思われます。

それに対して、聖書、ユダヤ・キリスト教の永遠の考えは、対照的です。永久に繰り返すというのでも、霊魂不滅でもありません。聖書では、永遠は神のもの、この世界のものには、終わりがあり、有限なこの世界とこれに属するものに対して、神の本質は無限のもの、永遠であるということを語ります。聖書には、永遠について、もう一つ大変重要な側面があります。それが、一二章の最後のところ（三七節）です。永遠なる神の裁きということです。これについては、私にとって忘れがたい思い出を一つお話ししたいと思います。

私が三十年以上も長く使っているカレンダーの十一月二十二日の所には、一九六三年以来、新しく一人の名が記されています。この日は、アメリカ大統領、ジョン・F・ケネディが暗殺された日で、一九六三年のその日は、日米間のテレビによる衛星中継放送が開始される日でもありました。その最初の映像がアメリカ大統領の暗殺という大変ショッキングなものでした。

神の永遠に関連して忘れがたいというのは、そのケネディの葬儀に関することです。その葬儀の司会をしたのは、カトリックの有名なスペルマン枢機卿という人でありました。新聞の報道によりますと彼は葬儀の式辞の中で、「神よ、ケネディの罪を赦してください」と祈ったということです。なぜ、葬儀において、罪の赦しを求めているのでしょうか。葬儀は、人間の死、有限なものの終わりということです。このキリスト教の葬儀においては明らかに、無限なもの、永遠なるものと向き合っているといってよいでしょう。

永遠を想うというのは、神と向き合うということです。すなわち、三七節では、「神に申し開きをする」ということでもあるのです。マタイの別の箇所によりますと、「最も小さい者の一人に何をしたか」が問われるとあります。スペルマン師は、大統領であってもその功績をたたえる前に、まず、神に死者の罪の赦しを祈ったのです。

このように、キリスト教の一年の歩みでは、クリスマス、すなわち、救い主を迎える、救いということを考える前に、この一年の歩みを振り返って、永遠なる神、その方の前で申し開きをしなければならないという想い、永遠を想う日があるのです。神の前で自分で申し開きをすることのできる人がいるでしょうか。いると思っている方があるかもしれません。しかし、聖書では誰《だれ》もいないというのです。ですから、罪の赦しをもたらされた救い主である神の御子イエスの誕生をお祝いするのです。

53 アドヴェント（待降節）を迎える

――マタイによる福音書二一・一―九

昨日から待降節に入りました。ルターに始まる宗教改革の結果生じたプロテスタント諸教会においても、教会の暦に従って、礼拝のテキストが決められています。第一待降節の礼拝のテキストとしては、主イエスのエルサレム入城の物語が選ばれています。四つの福音書ではこの物語をそれぞれの立場で記しています。

主イエスが、王としてエルサレムに入城し、民衆は彼を歓呼の声をあげて迎えております。主イエスはまだ誰《だれ》も乗ったことのない雌の子ロバに乗って入城しました。子ロバは、主イエスの清さと柔和・謙遜を象徴しています。

王としての主イエスは強力な権力を振るう方でなく、その力はまとめていえば、救いに集約される恵み、赦《ゆる》し、愛、助け、励ましなどによって示されるものです。このエルサレム入城の原型になっている旧約聖書のゼカリア書を参考にすると、王の姿がはっきりしてきます。「真実と正義に基づいて平和をもたらす裁きを行い、戦いの弓は絶たれ、諸国民に平和が告げられる」、とあります（ゼカリア八・一六、九・九、一〇）。

実際私たちが聖書によって知らされる主イエスは、権力者として、裁き、刑を執行したり、あるいは軍隊を動かして正義の実現のための戦争をしかける王ではありません。キリストが私たちにおいて主であり、王であるということは、主イエス・キリストのみ言葉に触れ、聖霊の助けによってでありますが、私たち自身が自らの良心において、自らの良心の判断によって受け入れることです。そのようにして、主イエスは私たちにおいて真理について証しし、私たちを助け、罪を赦し、罪から救い、贖う方でありました。宗教改革者ルターは、主イエスによって示された義、強さ、知恵などは、それによって私たちが義とされ、強められ、知恵あるものとされるものであり、また愛とは私たちが主イエスに愛されていることを知ることによって愛へと促される、そのような受動的なものであると理解しました（ヘブライ七・一―三の「義の王、平和の王」参照）。

主イエスがそのような形で平和の王であることをエルサレムの民衆は本当に理解していたのでしょうか。それはよくわかりません。というのは、ペトロをはじめとして弟子たちさえ、平和の王としての主イエスを十分に理解していませんでした。ユダだけでなく、ペトロも主イエスを裏切ったような状況であったのです。それゆえ、エルサレムの人々はどれほど理解していたか、あやしいものであったといわねばならないでしょう。しかし、そのような主イエスを救い主として受け入れることの戸惑い、ためらいは、多かれ少なかれ私たちにも当てはまることです。それはともかく、民衆は身にまとっていた衣装を道の上に広げて、主イエスの通る王道を設けてたたえたのです。ホサナ（万歳）を唱え、歓呼の声をあげて迎えたのです。

この歓呼の声を主イエスはどのように判断なさったのでしょうか。「もしこの人たちが黙れば、石が叫びだす」と言われました（ルカ一九・四〇）。主イエスは民衆の理解の程度をまったく問題にしていません。むしろ、主イエスが柔和な平和の王としてエルサレムに入城されたことが、どれほど大きな歓びであることなのか、石でも歓びの声をあげるほどのものであることをご自身で教え示しておられます。

主イエスが、エルサレムだけでなく、この世界に来られたこと、それは石でも歓びの叫びをあげるようなことであります。主イエスが来られてからの二千年余の歴史は、キリスト教とそこに根ざした音楽、絵画、文学、さまざまの文化によっても、主イエスの福音、歓びを語り、証し続けております。

そのような歴史、文化を創り出した根源はどこにあったのでしょうか。一つだけ考えてみたいと思います。例えば、主イエスが教えてくださり、ご自身で示してくださった隣人愛や奉仕としての愛、主イエスの犠牲愛、贖罪《しょくざい》愛です。隣人を自分自身のように愛しなさい、すなわち、消極的な言い方をすれば、他の人格を手段にするなということです。そこのことは現代の私たちにとっても一つの規範です。人間の目標の一つとされていることです（マルコ一二・二八―三四）。家族、所属社会、職場で、家族の一人一人、職場の一人一人が、地位や性別、年齢を越えて、人生の目標として、他の人格を自らの手段にしないということが重要です。

私たちは社会において自立して生き、自立して職業や与えられた社会的役割を果たすことを目指しています。しかし、家庭生活、社会生活は、他の人の支えと助けなしには不可能です。そのような状況の中で、他の人々を手段とすることなく受け入れ、他の人々にどのように対処するのか。それは日々、私たちにとって大切な問題であると同時に日々の課題でもあります。ゆるがせにできないことです。その点で聖書に記されている主イエスの物語とその隣人愛と奉仕の教えは、私たちにとって大きな励まし、慰めです。そのように、主イエスがこの世に来られたことを聖書によって教えられつつ、喜ぶものでありたいと思います。主イエスによって私たちに与えられている喜びを数え、感謝するものでありたいと思います。

54　クリスマス

――ヨハネの手紙一　四・一〇―一二

キリストの誕生をお祝いするということは、ほかならぬキリストがなぜこの地上に来られたかということに始まり、キリストの生涯とその意味をたずね求めるということです。かつてアンセルムスという人は、『なぜ神は人となりたもうたか』という大変有名な書物を書きました。聖書から学び、キリストがこの世に来られた意味を考え、探求しています。

本日の聖書の箇所には、キリストはなぜこの世に来られたかという前に、なぜ父なる神は、子なる神であるキリストをこの世にお遣わしになったかということが書かれてあります。私たちには、考え方の転換を迫る問いの出し方であるといえます。主イエスの父なる神はこの世を愛されていました。アガペー（愛）という言葉が使われています。父なる神はこの世を愛していた、それゆえ愛する御子を犠牲としてこの世に遣わしたと記されています。キリストが、どうして私たちの犠牲にならなければならなかったのか。あるいは、なぜ父なる神は主イエスをこの世に遣わしたのかということは、少しわかりにくいかもしれません。けれども、先ほど言いましたように、ここに神の愛（アガペー）があるというように読んでみますと、神はなぜ愛したか、神の愛とは何かということを理解する手がかりがあるように思います。アガペー、これは同時に私たちにとってはエロースという愛との対照として理解される言葉です。まずエロースという言葉を手がかりとして、アガペーという言葉を考えていくという順序が、私たちにはわかりやすいのかもしれません。私たち日本人は、愛という言葉をあまり使いません。好きとか良いとか言い、それに代わるような直接的な表現はしないと思います。少なくともアガペーという形で愛を使うということは、ほとんどないと思います。

さて、アガペーに対するエロースですが、これは自分の気に入ったものを愛する、自分の満足のために愛する、あるいはもう少しそれを進めて、自分を充足するために、自分自身が向上するために、自分自身が賢くなるために、知識を得るために誰《だれ》かを愛する、真理を求める、これがエロースです。エロースは決して、男女の愛だけのことではないのです。男女の愛にしましても、自分を充足するという事柄は、大変重要なことですので、必ずしもネガティブな意味だけがあるわけではありません。また、私たち大学における日常的な営みで、最も大事な事柄はやはり私たちの内なるエロースでしょう。未知の知識、未知の事実、そういったものを得たい、むしろ未知の知識、未知の事実が私たちを招いているとさえいえます。新しい知識、新しい事実を獲得すればするほど、さらに進んで学んでみたいということは、素晴らしいエロース・モティーフなのです。

そういうエロースは、アガペーとは対照的な愛です。なぜならば、御子をこの世に遣わすというのは、子供を犠牲にすることです。子なる神、主イエスをこの世に遣わして十字架の死を遂げさせるということは、大変な犠牲です。否定的な愛といってもいいかもしれません。したがって、アガペーとは犠牲愛と理解するのが一番いいかもしれません。痛みを伴う愛ともいえます*。新約聖書においてキリストがしばしば、アガペーをご自分の愛のあり方として語っておられます。人の子、キリストは仕えられるためではなく仕えるために来た、すべての人の犠牲として自分を捧げるために来たという有名な聖書の言葉があります。これはまさに、犠牲愛の極致として、キリストご自身が十字架について犠牲になるということを言っているのです。これが、アガペーが犠牲であるということの頂点です(マルコ一〇・四五)。

キリストがこの話をなさった時に、仕え、奉仕する愛ということを言っておられます。ここにアガペーを理解する大変重要な鍵があるように思います。奉仕するためには、何らかの形で自分を犠牲にしなければならず、とりあえず相手の人の立場に立つという謙虚さが必要になってきます。考えてみると、何らかのものを捧げるということ、奉仕を今日ほど求められている時代はないと思います。与える愛が求められているといえます。

余談かもしれませんが、与える愛といえば、クリスマスにおいて、クリスマス・プレゼントがよくなされます。その象徴がサンタクロースかもしれません。この頃は何十人ものサンタクロースが一挙にフィンランドからやって来るということもあるようですが、サンタクロースは、本来は一人で、世界のすべての子供にプレゼントを配ります。これは物理的には不可能です。しかし実際には、サンタクロースの意を受けて、ご両親が子供たちにプレゼントをあげる、あるいは志のある人がいろいろな形で寄付をしたり物を捧げたりします。これが、サンタクロースに象徴されている与える愛ということになりますし、そういう人々の愛の頂点にサンタクロースが立っているとも理解されます。

いずれにしましても、クリスマスというのは、父なる神が子なる神であるキリストを私たちにプレゼントしてくださった、しかもそのプレゼントが、単に物を与えるというのではなく、ご自分の子である神を人間とする、しかもその子が十字架におつきになるという犠牲として、与えられているわけです。それこそ、他の人のために命を捨てるほどの大きな愛はない、という教えを神がまず実行なさり、キリストが実行なさっているということではないかと思います。キリストの誕生をお祝いするということの背後にあるのは、なぜ神が人になられたか、なぜ父なる神は子なるキリストを私たちに遣わされたのか、ここにアガペーがあり、それはエロースという愛とは違う愛だということなのです。

＊このような神の痛みの愛をモティーフにしているのが、日本の神学を代表する北森嘉蔵著『神の痛みの神学』である。

55 隣人愛とは何か
黄金律

――マタイによる福音書七・七―一二

七章の七節から一二節は、前半と後半に分かれています。七節から一一節までは神の愛が、そして一二節は、人間の間の愛、隣人に対する愛が記されています。

きょうは最後の「人にしてもらいたいと思うことは何でも、あなたがたも人にしなさい。これこそ律法と予言者である」という黄金律といわれる隣人愛について、少し考えてみたいと思います。

ここには、「人にしてもらいたいと思うことは何でも、あなたがたも人にしなさい」と書いてあります。具体的に隣人愛とは何かということを語っています。自分にして欲しいことをすることが隣人愛だというのです。ですから、キリスト教やキリスト教的ヨーロッパ文化に批判的な人たちは、この箇所をお節介の倫理だと批判しています。自分にして欲しいことを積極的にしていくことはヨーロッパ的なお節介の倫理だというのです。それに対して東洋的な倫理、とりわけ日本的な倫理というのは、「して欲しくないことはしない」という消極的で否定的な側面を強調する、とその人たちは言っています。しかし、これはまったくの誤解だと思います。なぜなら、旧約聖書の続編には「して欲しくないことはするな」と明瞭に書かれています。とりわけ、宗教改革者たちはこの点を強調しました。本学院のルーツである宗教改革者ルターは、「して欲しくないことはするな」が前提にあると言いました。この点についてはツヴィングリもまったく同じでした。「して欲しくないことをするな」というのは、相手の人間を尊重する基本的な前提ではないかと思います。隣人愛というのは、人間と人間との関係の一番基礎的な前提ではないかと思います。その基本的なことについて聖書はまず「して欲しくないことはするな」、「お節介は焼くな」として、そして「必要な助けは積極的にしなさい」と言っているのです。それがここに書かれていることです。必要な助けを発見するためには、一人一人の求めているものがわからなければなりません。その前提として「して欲しくないことはしない」ということがあると考えてもよいと思います。

そのことを、とりわけ明らかにしているのが、有名なベネディクトです。ベネディクト修道会というヨーロッパの修道会の最も基本になった修道会があります。あのアッシジの聖フランシスコ会をはじめ、ヨーロッパの修道会に、このベネディクト修道会の規則は大きな影響を与えています。そのベネディクト修道会の戒律の中に、この「して欲しくないことはするな」ということが「して欲しいことはせよ」ということの代わりに載せられております。* このように考えますと、この「して欲しくないことはするな」と、「して欲しいこと、してもらいたいことは何でもあなたがたも人にしなさい」ということの二つのことは、非常に一般的なわかりやすい形で隣人に対する基本的な人間のあり方、隣人愛を語っているといえます。

この箇所はしばしば黄金律といわれています。聖書では「これこそ律法と預言者である」と主イエスは語っております。「これこそ律法と預言者である」というのは旧約聖書全体ということです。まさに新約聖書の主人公である主イエスが旧約聖書を「これこそ律法と預言者である」と教えているのですから、旧約聖書と新約聖書の全体が「して欲しいことをあなたがたも人にしなさい」ということにつきると考えてよいのではないでしょうか。

後に使徒パウロは「愛は最高の道」（一コリント一三・一三）と言っています。私たちはつい勝手なことをしたり、お節介を焼いたりするけれども、隣人に対して本当にその人の人格形成に役立つ事柄を語り行うということは至難の業です。したがって、隣人愛というのは至難の業だといえます。しかしそれだけに、ここに記されている「して欲しくないことはしない。しかし、して欲しいことは積極的にしなさい」という山上の教えは、大変わかりやすい仕方で私たちに対して基本的な倫理の規範を示していると思います。

＊『聖ベネディクトの戒律』古田暁訳、すえもりブックス、二〇〇〇年、三三、二五三、二八六頁参照。

56

自由と責任

男と女と奴隷

——コリントの信徒への手紙一　一一・八—一二

「女の頭《かしら》は男」「女が男のために造られた」（一一・三、九）。このような言葉を、皆さんはどのように受け止めておられるでしょうか。少なくとも今日はもはや通用しない考え方、価値観だと思われるのではないでしょうか。実はこのようなパウロの言葉は、旧約聖書に由来しているのです。

「『人［アダム］が独りでいるのは良くない。彼に合う助ける者を造ろう。』……主なる神はそこで、人を深い眠りに落とされた。……あばら骨の一部を抜き取り、……あばら骨で女を造り上げられた」（創世記二・一八—二二）。ここには女性が男に対する助け手として、男を補うものとして、位置付けられています。もっとも、旧約聖書には母として、妻として重要な役目を果たした女性も登場しています（士師記四・四以下、列王記下一一・一以下、同二二・一四以下）。また、旧約聖書の絶対的戒めとして、父だけでなく、父母を敬え、があります。しかし、旧約聖書では一般の女性は家族の父と夫の下に属しています。公式には表に出てまいりません。

新約聖書においても、人間を数える数に女性は入っていません。子供と同様に成人の男の外にあり、男の下に従属するものでした。とりわけ、パウロを含めて新約聖書の手紙の中では、冒頭のように旧約聖書の線上に沿っています。当時の社会の女性観も基本的に旧約聖書の時代と異なっていたようには思われません。そして重要なことは、そのような考えや態度に、旧約聖書が影響を与えていたことを次のような新約聖書の言葉自身が証明しています。「婦人は、静かに、全く従順に学ぶべきです。婦人が教えたり、男の上に立ったりするのを、わたしは許しません。……なぜならば、アダムが最初に造られ、それからエバが造られたからです。しかも、アダムはだまされませんでしたが、女はだまされて、罪を犯してしまいました」（一テモテ二・一一―一四）。このような文脈の中にパウロの「女の頭は男」、「妻たちよ、主に仕えるように、自分の夫に仕えなさい……夫は妻の頭だからです」もあるように思われます。（エフェソ五・二二、二三）。また、それが新約聖書の時代の社会の現実だったのです。

それだけに、そのような中で、パウロがキリストにおいては、「男も女もありません」（ガラテヤ三・二八）、「夫たちよ、キリストが教会を愛し、教会のために御自分を［十字架で］お与えになったように、妻を［命を捧げて］愛しなさい（エフェソ五・二五）と記していることは注目しなければなりません。なぜなら、そのようにパウロほど強く男女の平等、夫の妻への犠牲（奉仕）の愛を語ったものはほかにはないと思われるからです。

このパウロの男と女についての考えは、奴隷についての彼の態度にも同じようなことがいえます。

パウロは社会制度としての男女不平等に反対しなかったように、奴隷制度にも反対していません。(フィレモン)。むしろ、「奴隷たち、キリストに従うように……肉による主人に従いなさい」とさえ言っています(エフェソ六・五)。しかし、他方で、[キリストにおいては、]奴隷も自由な身分の者[の区別]もなく」(ガラテヤ三・二八)、「キリストがすべてであり、すべてのもののうちにおられるのです」と主張しているのです(コロサイ三・一一)。

このようなパウロの態度から、私たちはいくつかのことを教えられます。

一　パウロは男と女の区別、奴隷制度という社会的・制度的不平等以外に、主イエスにおける区別のないこと、平等を重んじています。価値観、倫理的判断の基準として主イエスの愛、救いの平等を重視しています。

二　それにもかかわらず、その基準をそのまま直接社会的行動、社会倫理として実践していません。ただし、私的には(二人称の世界では)、制度内で可能な限りのこと、例えば、奴隷のオネシモをその主人であるフィレモンが自発的に解放することを切に願っています。パウロのキリスト教倫理は個人倫理にとどまっていて、社会的・政治的実践に至っていないといわれるかもしれません。パウロにはキリスト教原理主義は存在しません。他方、パウロとは反対に社会的活動、社会倫理の実践ではキリスト教倫理や価値観を主張、実践しているように見えても、個人の、私的領域で実践できない人間も多くいることでしょう。

聖書の教えの実践は私的、個人的であれ、社会的、政治的であれ、その善意についての最終的判断は私たちにはありません。それだけではありません。私的にも社会的にも、行為によって神の前で正しいということはいえないのです。それは、自分自身の心情、意図の純粋さを考えても、なされる社会的行為の結果を見ても、到底充全な正義の実践とはいえないものを私たちの行為は含んでいるからです。むしろ、外見の行為によって、あるいは、主義、主張、政治的・社会的路線についての言葉によって、正邪、善悪を判断すること――行為義認――の誤りを私たちは明確に自覚していなければなりません。その上で、反社会的なことを避け、より良い社会的・政治的倫理を主張することが大切なことであると思います。それが社会的存在としての人間の責務でしょう。しかし、そのような倫理は、各人に委ねられている自由な裁量でなければなりません。そのような自由を最も強く主張した一人が、宗教改革者M・ルターです。ルターはキリスト者の倫理を主イエスによって自由とされた、神の前の単独者としてのキリスト者の自由と責任という点から考えました（『キリスト者の自由』）。それに対して、人間の倫理の本質として、自由に基づく選択をキリスト者の倫理としたのがエラスムスでした（『自由意志論』*）。

＊なお、この自由と行為・活動との多元的緊張に関する示唆深い考察については、H・アレント『人間の条件』志水速雄訳、ちくま学芸文庫、一九九四年、第一・二章参照。

57 働くこと・労働の意味

——テサロニケの信徒への手紙二 三・一〇

働くことについて、最初に聖書が記しているのは、失楽園、アダムとエバがエデンの園から追放される時に、神がアダムに語った言葉でしょう。「神はアダムに向かって言われた。「……お前は生涯食べ物を得ようと苦しむ。……お前は顔に汗を流してパンを得る」とあります（創世記三・一七―一九）。このエデンの楽園とそこからの追放という神話に出てくるものは、罪を犯した人間は額に汗して働かねばならない、ということになります。実際、日本の知識人の中には、これがキリスト教のヨーロッパ人の職業観であるという人がいます。

ところがパウロは第一に、「働きたくない者は、食べてはならない」と述べています。第二次世界大戦前の日本人に、レーニンの言葉としてよく知られていたのは、この「働かざるもの食うべからず」です。「働きたくない者は食べてはならない」には、日本の代表的思想家にも、同じような言葉があります。東北出身の安藤昌益は、農民の立場から、「耕さざるもの食うべからず」と言っています。福沢諭吉は、市民の立場から、「裕福な家庭に生まれても、ぶらぶら暮らして衣食するのは、道理に反する」と、いわゆる無為徒食を戒めています。

パウロは第二に、「自分の仕事に励み、自分の手で働くように努めなさい。そうすれば、外部の人々に対して品位をもって歩み、だれにも迷惑をかけないで済むでしょう」（一テサロニケ四・一一）と言っています。一人の人間としての独立と品位を得る、これも日本人に限らず、働くことの意味として一般にいわれていることでしょう。

さらに、パウロは「貧しい人々に分け与えるようになるために、自分の手で正当な働きをしなさい」と言っています（エフェソ四・二八参照）。「自分のお金で寄付し、困っている人を助けるために正当な働きをしなさい」というのです。

パウロが語っているこれらの、働くことに関する三つの意味は、今日においてもグローバルに通用することではないかと思います。

しかももう一つ、パウロは大切なことを記しています。それは、天職――コーリングとしての職業の持つもう一つの意味です。それは、何かをする、作る、結果を生み出すという働きだけではなく、それ以前に、一人の人間としてある（to be）という存在を意味します。パウロが身分と呼んでいる召された状態、そして宗教改革者のルターによって再発見された一人の人間としてあること、そのことが天職でもあったのです。職業に就くか就かないかでなく、それ以前に男であり、女であり、子であり、妻であり、夫である人間の存在そのものが、神の前で尊い存在であったのです。

58 心に留《と》めること

――フィリピの信徒への手紙四・八

ここには、「真実なこと」に始まって、「称賛に値すること」まで、八つの美徳が記されています。これらの徳は、当時の世界市民の倫理を代表していたストア哲学はもちろん、ユダヤ人によっても人間の美徳として要求されていたものでした。もともとヴィルトゥス（virtue ヴァーチュー）という徳や美点は、人間の能力、良い資質を意味します。人間の共通の美徳あるいは良い能力として尊ばれるものは、キリスト者としてもそれをなおざりにしてはいけない、とパウロが教えているのは当然のことと思います。「心に留めなさい」というのは「考慮しなさい」、「重んじなさい」という意味です。

次に、ここに記されている徳は今日も十分に通用するものです。神道や仏教や儒教といったものを背景にしている私たち日本人も反対のしようのない、申し分のない美徳ではないでしょうか。それでは、そのように美徳に注目し、それを大切にし、重んずるということを前提に、ここでパウロが挙げている美徳について、どのように注目し、重んずればよいのでしょうか。最初に出ている「すべて真実なこと」と「すべて気高いこと」について考えてみたいと思います。

まず二つの目の気高い（高潔な、品格のある）ですが、この徳は、能力というよりも、その人の資質天性というべきものです。言葉ではうまく説明できませんが、人柄・雰囲気として理解できるように思われます。

それに対して、最初に出ている「すべて真実なこと」ですが、これは言葉の上で、概念上ある程度明確にできます。アレーテーというのがもとの言葉ですが、これはいくつかの意味があります。一つは真理、本当のこと（トゥルース、ヴァールハイト）ということです。いま一つは真実（リアリティ、ヴィルクリッヒカイト）です。後者の真実について記したもの一つを紹介します。ヒトラーのナチズムに抵抗して殉教した人としてよく知られているディートリヒ・ボンヘファーが、このことについて短い文章を残しています。彼は譬《たと》えを用いて説明しています*。

小学校の教室で、教師が生徒の一人に向かって、「あなたのお父さんは昨夜もお酒を飲んで帰りましたね」と事実を確認する問いかけをしたとします。その教師の質問は、その子の家庭ではよくあることを知っていて、何とかしてあげたいとの心遣いをしているのですが、しかし真実ではありません。その子供にとってはその事実の確認が求められても、大勢の友人のいる教室で簡単に「はい、そうです」と言えるものではありません。それゆえ、この事実は真実なものにならないとボンヘファーは言うのです。その理由は、ボンヘファーによれば、そもそもこうした事実は、教室という一般的な、当事者以外のその他の者が大勢いる中で語られたり、確認されたりすべき事実ではないからです。その子にとって、父親のことは家庭という場所、その子とその子に直接関わる家庭の間のこと、二人称の世界のことなのです。したがって、教師の質問は、教師とその子と二人だけの間で交され、言葉をかけるとしてもそのような場所でのみ、なされるべきことだとボンヘファーは言うのです。実はこのボンヘファーの主張は、真実に限らず、正しいこと、清いことについても、当てはまるように思います。正しいことについて、一言すれば、正しいから、正義であるからといって、それをいつでもどこでも、誰《だれ》にでも言ったり、行ったりすることは必ずしも正しいこと、正義に合致しません。言葉の上で正しいことも、正しい振る舞いや行動も、結果として正しい結果をもたらすとは限らないのです。

純粋性についても同様です。とりわけ、私たちは自分の気持ちの純粋性について自分で純粋だと判断できません。その純粋性は自分の方に曲がっているかもしれません。自己中心性について自分ではわからないのです。ともあれ宗教改革者の一人で、ルターの友人であったメランヒトンという人は、聖書の教えは、一般の道徳や倫理を深めるとともに、真実についての感覚を養うと言っています。そのためには私たちはたえず聖書をひもとき、聖書に学ぶ必要があるでしょう。

＊ボンヘッファー『現代キリスト教倫理』森野善右衛門訳、新教出版社、一九九六年、四一六頁以下。

あとがき

キリスト教学校という名称を最初に公にし、そしてその設立を要請した宗教改革者マルティン・ルターによると、教育することは神の祝福であり、命令でありました。また彼によると、キリスト教学校とは神の言葉によって自らを整える（人格を形成する）ことを目的にしていました。

幸いわが国は信教の自由、結社の自由が認められ、宗教学校としてのキリスト教学校が援助されてもいます。学校教育の枠の中で限られた時間でも最良の時と場所とを学校礼拝のために設定することは、キリスト教学校のそれぞれの当事者の第一の務めでしょう。なぜなら礼拝は、御言葉によって自らを整える最善の場所だからです。さらにそれと平行してなされるキリスト教の授業では、わが国の教育基本法を超える価値を伝えることさえできるのです。

聖書は、「御言葉を宣べ伝えなさい。折が良くても悪くても励みなさい」と祝福し、命じています（二テモテ四・二）。それにどこまで応答することができているか、この問いの前にキリスト教学校で教育に携わる私たちはいつも立たされています。しかし、御言葉を多くの若き人々に日々伝える機会を与えられていることは何よりも幸いなことであります。

本書は、『隣人とは誰れか――はじめての聖書とキリスト教』、『神と自然と人間』、『人はパンだけで生きるものではない』に続いて、東北学院中学・高等学校、榴ケ岡高等学校および同大学で、二〇〇一年から二〇〇六年の間になされた学校礼拝での奨励、小説教の一部に手を加えたものです。その録音とテープからの起こしはもとより、共に礼拝に直接・間接に携わった多くの方々を想い起こし、心からお礼を申し上げます。「自由に愛を生きたキリスト」を仰いで、多数の学生、生徒、教職員と共に捧げた学校礼拝は、懺悔、緊張を与えられながらも喜びや感謝に満たされた時でありました。

出版にあたって、お世話になった聖学院大学出版会山本俊明氏、原稿整理および校正、巻末の一覧の作成などに尽力してくださった同花岡和加子さんに記して心からお礼を申し上げます。

二〇〇九年一月十五日

倉松　功

本書で取り上げた聖書の箇所一覧

本書に登場した図書一覧（五十音順）

（参考までに手にしやすいものを挙げた）

▽ **アガペーとエロース**
Ａ・ニーグレン著、岸千年、大内弘助訳、新教出版社、一九九五年（新教セミナーブック５）

▽ **惜みなく愛は奪う——有島武郎評論集**
有島武郎著、新潮社、二〇〇〇年（新潮文庫）

惜みなく愛は奪う
有島武郎著、岩波書店、一九八〇年（岩波文庫）

惜しみなく愛は奪う——他十四篇
有島武郎著、角川書店、一九六九年（角川文庫）

▽ **懐疑的な化学者・プリンキピア**
ボイル著、ニュートン著、大沼正則ほか訳、河出書房新社、一九六三年（世界大思想全集、社会・宗教・科学思想篇第32巻）

▽ **神の痛みの神学**
北森嘉蔵著、倉松功、高柳俊一解説、教文館、二〇〇九年
北森嘉蔵著、講談社、一九八六年（講談社学術文庫）

▽ **神への思い**
キエルケゴール著、倉松功編訳、新教出版社、一九九六年（新教新書）

▽ **ガラテア書講義** を所収
『ルター著作集 第二集』11・12
ルター著、徳善義和訳「ガラテヤ書大講解」（上・下）、聖文舎、一九八五、八六年
「ローマ書講義」（上・下）は同8・9巻、一九九二、二〇〇五年

▽ **機械と神――生態学的危機の歴史的根源**
リン・ホワイト著、青木靖三訳、みすず書房、一九九九年（みすずライブラリー）

▽ **饗宴**
プラトン著、久保勉訳、岩波書店、一九六五年（岩波文庫）

▽ **『キリスト者の自由』** を所収
ルター
松田智雄責任編集、中央公論社、一九七九年（中公バックス、世界の名著23）

ルター
松田智雄責任編集、中央公論社、一九六九年（世界の名著18）

キリスト者の自由・聖書への序言
マルティン・ルター著、石原謙訳、岩波書店、二〇〇二年（岩波文庫）

▽ **クール・デウス・ホモ――神は何故に人間となりたまひしか**
聖アンセルムス著、長澤信壽譯、岩波書店、一九四八年（岩波文庫）

▽ **告白**
聖アウグスティヌス著、服部英次郎訳、岩波書店、二〇〇七年（岩波文庫）

▽ **コペルニクス・天球回転論**
コペルニクス著、高橋憲一訳・解説、みすず書房、一九九三年

▽**ゴドーを待ちながら**
サミュエル・ベケット著、安堂信也、高橋康也訳、白水社、一九九〇年（ベスト・オブ・ベケット）

▽**『杯』・『普請中』** を所収
山椒大夫・高瀬舟
森鷗外著、新潮社、二〇〇六年（新潮文庫）

▽**実践理性批判、人倫の形而上学の基礎づけ**
カント著、坂部恵、平田俊博、伊古田理訳、岩波書店、二〇〇〇年（カント全集7）
実践理性批判
カント著、波多野精一、宮本和吉訳、篠田英雄改訳、岩波書店、一九七九年（岩波文庫）

▽**失楽園**
ミルトン作、平井正穂訳、上・下、岩波書店、一九八一年（岩波文庫）

▽**収容所群島—1918-1956——文学的考察 1—6**
ソルジェニーツィン著、木村浩訳、新潮社、一九七五—一九七八年（新潮文庫）

▽**自由意志論**
評論「自由意志」
デシデリウス・エラスムス著、山内宣訳、徳善義和解説、聖文舎、一九七七年

▽**自由論**
J・S・ミル著、塩尻公明、木村健康訳、岩波書店、一九七一年（岩波文庫）

▽**純粋理性批判**
カント著、篠田英雄訳、上・中・下、岩波書店、一九六一年（岩波文庫）

▽**職業としての政治**
マックス・ヴェーバー著、脇圭平訳、岩波書店、一九八〇年（岩波文庫）

▽**人権宣言集**
高木八尺、末延三次、宮沢俊義編、岩波書店、一九五七年（岩波文庫）

▽**聖なるもの**
オットー著、山谷省吾訳、岩波書店、一九六八年（岩波文庫）

▽ **ツァラトゥストラはこう言った**
ニーチェ著、氷上英廣訳、上・下、岩波書店、一九六七年（岩波文庫）

▽ **天體の回轉について**［天体の回転について］
コペルニクス著、矢島祐利譯、岩波書店、一九五三年（岩波文庫）

▽ **ニコマコス倫理学**
アリストテレス著、高田三郎訳、上・下、岩波書店、一九七一年（岩波文庫）

▽ **日本奥地紀行**
イサベラ・バード著、高梨健吉訳、平凡社、一九七三年（東洋文庫）

▽ **人間の条件**
ハンナ・アレント著、志水速雄訳、筑摩書房、一九九四年（ちくま学芸文庫）

▽ **パスカル**
前田陽一責任編集、中央公論社、一九七八年（中公バックス、世界の名著29）

▽**ハムレット**
シェイクスピア作、市河三喜、松浦嘉一訳、岩波書店、一九五七年（岩波文庫）

▽**ハムレット**
シェイクスピア作、野島秀勝訳、岩波書店、二〇〇二年（岩波文庫）

▽**バラバ**
ラーゲルクヴィスト作、尾崎義訳、岩波書店、一九七四年（岩波文庫）

▽**パンセ**
パスカル著、由木康訳、白水社、一九九〇年（イデー選書）

▽**判断力批判**
カント著、篠田英雄訳、上・下、岩波書店、一九六四年（岩波文庫）

▽**ファウスト**
ゲーテ著、柴田翔訳、上・下講談社、二〇〇三年（講談社文芸文庫）

▽ **ファウスト**
ゲーテ著、池内紀訳、第1部、第2部、集英社、一九九九年

▽ **不思議な少年（不思議な人）**
マーク・トウェイン著、中野好夫訳、岩波書店、一九九九年（岩波文庫）

▽ **民主主義の本質――イギリス・デモクラシーとピュウリタニズム**
A・D・リンゼイ著、永岡薫訳、未來社、一九九二年

▽ **リヴァイアサン**
ホッブズ著、水田洋訳、1―4、岩波書店、一九九二年（岩波文庫）

▽ **論理学、教育学**
カント著、湯浅正彦、井上義彦、加藤泰史訳、岩波書店、二〇〇一年（カント全集17）

著者紹介

倉松　功　（くらまつ　いさお）

1928年高知県で生まれる。旧制高知高等学校（現高知大学）、旧制日本基督教神学専門学校（現東京神学大学）卒業。ハイデルベルク大学神学部留学。文学博士。日本キリスト教団東京信濃町教会伝道師、東北学院大学教授、同学長、東北学院学院長を歴任。現在、同大学名誉教授。日本ルター学会前理事長、日本基督教学会元理事長。

〔**著書**〕『ルターと現代』、『ルターにおける改革と形成』、『ルター、ミュンツァー、カールシュタット――その生涯と神学思想の比較』、『ルター神学とその社会教説の基礎構造――二世界統治説の研究』、『ルター――その信仰と神学』、『宗教改革、教育、キリスト教学校』、『ルターとバルト』、『ルター神学の再検討』、『教会史　中』、『私学としてのキリスト教大学――教育の祝福と改革』、『キリスト教信仰概説』ほか。
〔**小説教集**〕『隣人とは誰か』、『神と自然と人間』、『人はパンだけで生きるものではない』。
〔**共編著**〕倉松・近藤編『人類・文明の救済とキリスト教』、山田・倉松編『キリスト者の敬虔』、倉松・並木・近藤編『知と信と大学』、倉松・近藤編『福音の神学と文化の神学』、倉松・近藤共著『キリスト教大学の新しい挑戦』、古屋・倉松・近藤・阿久戸編『歴史と神学』（上・下）。
〔**訳書**〕S. キェルケゴール『神への思い』、M. ルター「教会の教職の任命について」『ルター著作集第一集5巻』、B.A. ゲリッシュ『恩寵と理性ゲリッシュ――ルター神学の研究　』（共訳）ほか多数。